SCRIPTORVM CLASSICORVM

BIBLIOTHECA OXONIENSIS

OXONII

E TYPOGRAPHEO CLARENDONIANO

Q. HORATI FLACCI

OPERA

RECOGNOVIT
BREVIQUE ADNOTATIONE CRITICA INSTRVXIT
EDVARDVS C. WICKHAM

EDITIO ALTERA
CVRANTE
H. W. GARROD

OXONII
E TYPOGRAPHEO CLARENDONIANO

Oxford University Press, Walton Street, Oxford OX2 6DP

Oxford New York Toronto
Delhi Bombay Calcutta Madras Karachi
Kuala Lumpur Singapore Hong Kong Tokyo
Nairobi Dar es Salaam Cape Town
Melbourne Auckland Madrid
and associated companies in
Berlin Ibadan

Oxford is a trade mark of Oxford University Press

Published in the United States
by Oxford University Press Inc., New York

ISBN 0–19–814618–3

23 25 27 29 30 28 26 24 22

Printed in Great Britain
on acid-free paper by
J. W. Arrowsmith Ltd.,
Bristol

PRAEFATIO

In apparatu critico huic Horati editioni adiciendo id praecipue quaesitum est ut lector ante oculos haberet locorum
eorum conspectum in quibus de vera lectione serio dubitari
posset. Quocirca cum neque orthographiae quam vocant
varietates neque menda illa sescenta exscripsi quae vel
optimis codicibus librariorum sive incuria sive ignorantia
offudit, tum etiamsi unus alterque bonorum codicum scripturam aliis discrepantem exhibent nec metro nec Latinitate
nec sensu prorsus alienam ne illam quidem protinus adno-
tandam putavi nisi Scholiastarum vel scriptorum veterum
auctoritate niteretur aut tamquam per se probabilis ab editore
aliquo bonae famae accepta esset aut denique codicum
singulorum proprietates vel artis criticae rationes aliquo
modo illustrare videretur.

Inter editores qui ad testimonium in hac causa vocandi
erant primum locum quis non dederit Ricardo Bentley,
non solum tamquam viro maximo omnium qui Horatium
attigerunt, verum etiam quia quidquid optime ante ipsum
de poematum contextu scriptum esset in unum collegisse et
idem omnibus qui postea de eo scripturi essent initium

et quasi fundamentum praebuisse videtur? Multae sunt lectiones quae ab illo primum parva aliqua codicum scriptorum auctoritate in contextum admissae postea in optimis codicibus inventae sunt : multae quas in paucis tantum codicibus inventas illius argumentis et auctoritate inducti editores plerique receperunt.

Sin autem hodie opus Bentleianum scientia pleniore iudicare et identidem corrigere possumus, id imprimis debemus Ottoni Keller qui codices multos Bentleio incognitos vel ipse vel per collegas accurate recognovit, saeculo suo quemque assignavit, scholia et glossas in margine eorum scriptas notavit, testimonia veterum de re metrica vel grammatica scriptorum diligentia incredibili collegit. Iniquum fortasse videretur si, dum tanto laborum fructu utimur quos vir doctus in codices Horatianos impendit, mentionem nullam faceremus trium illarum classium in quas eos distribuendos ille censuit, ea lege ut lectio quae in duarum codicibus inveniretur ei quae in unius tantum appareret antecellere existimaretur. Verum enimvero nondum illuc perventum est ut haec distributio aut omnibus tamquam veram se satis commendaverit aut oratione brevi eademque ad cognoscendum facili explicari possit. Qui de tota re iudicare voluerit fontis ipsos profecto adibit in 'Epilegomenis zu Horaz'[1] et in nova editione poematum cuius volumen primum nuper prodiit[2]. Id vero dixisse liceat si editiones Kellerianas evolvamus locos paucos sane nos inventuros

---

[1] Lips. a. MDCCCLXXIX.

[2] *Q. Horati Flacci opera recensuerunt O. Keller et A. Holder*, vol. i. Lips. MDCCCXCIX. Qui alteram partem audire vult legere debet quod a Iacobo Gow scriptum est (*Classical Review*, vol. iv. p. 339).

esse in quibus classium solum ratione habita lectionem ille a ceteris editoribus diversam praetulisse videatur.

Lectiones quas invitis codicibus 'divinandi' illa 'peritia' assecuta est in contextum aut numquam aut perraro admittere volui. Non quo infitiari velim nonnulla quae in optimis libris scriptis nunc legantur coniecturis potuisse deberi Mavortii illius vel alius alicuius διορθωτοῦ. Verum id ita factum esse probari non potest. Quoniam autem experientia nos docuit bene divinandi finem prope nullum esse, boni exempli duxi esse et lectori debitum, ut quae coniectura sola sine dubio nitantur ab iis quae in codicibus saltem inventa sint plane distinguantur. Decem tantum locos memini in quibus coniecturam probabilem tamquam probatam typis mandavi; quorum in quattuor librarii in nomine proprio haesitaverant (*Carm.* ii. 17. 14, iii. 4. 69, iii. 16. 41, *Serm.* i. 10. 86); in uno (*Serm.* ii. 3. 255) 'cubitale' in 'cubital' metro cogente editores omnes mutaverunt; in ceteris mendum quod codices invasit ex scribendi modo provenisse videtur, ut in *Epod.* i. 15 'labore' in 'laborem' (laborē) converso, in *Epod.* iv. 8 'ī,' quod habet *B*, perperam intellecto quasi non 'trium' sed 'ter' significasset, in *Serm.* i. 6. 87 'ad' coniunctione pro 'ad' praepositione habita. Simili modo credendum est 'inter' ex 'intra' (*Epp.* ii. 2. 114) abbreviatione male intellecta, 'hic . . . illi' (*Epp.* ii. 2. 89) ex 'huic . . . ille' exorta esse. Neque alii profecto causae deberi putaverimus magnam partem discrepantiarum quae codices ipsos vexant: 'hic' 'hinc' (*Carm.* i. 17. 14), 'ad hunc' 'adhuc' etc. (*Epod.* ix. 17), 'quod' 'quia' 'qui' (*Carm.* i. 12. 31), 'quo' 'quod' 'quos' (*C. S.* 5), 'demoveas' 'dimoveas' (*Carm.* i.

PRAEFATIO

1. 13), 'dereptum' 'direptum' (*Carm.* i. 9. 23), 'distinet'
'detinet' 'destinet' (*Epp.* i. 2. 5), 'impulsa' 'imp͞ssa'
'impressa' (*Carm.* iv. 6. 10), et his similia.

Inter codices Horatianos quamquam ipse interrogari
nequit locum primum aliquomodo sibi vindicat Blandinius
ille 'vetustissimus,' quattuor codicum antiquissimus in Mona-
sterio Benedictino prope Gandavum olim asservatorum
e quibus lectiones aliquas selectas, ipsis codicibus annis
aliquot prius incendio absumptis, Iacobus Cruquius in
editionibus suis nobis tradidit. Lectionibus ex hoc codice
ductis, editores plerosque secutus, auctoritatem non levem
tribui, praesertim in *Sermonibus et Epistulis*, non solum
quia apparet Cruquium saepenumero ex illis contextui
scripturam eam restituisse quae postea bonorum codicum
testimonio vera esse demonstrata est, verum etiam quia
identidem codicibus omnibus tam plane discrepant ut
ad archetypum alium nos reducere videantur. Codicis
aetas incerta est: ix° saeculo plerique eum adiudicant.
Cruquius ipse antiquitatem ei vera maiorem tribuisse videtur; Keller qui Cruquii scientiam, diligentiam, denique
bonam fidem ultra modum in suspicionem vocat xii^mo non
antiquiorem eum censet.

Codicum quos habemus antiquissimus a plerisque habetur
Bernensis (*B*) qui nuper phototypice editus domi sese nobis
tractandum et examinandum offert. In nono saeculo ex-
aratus esse certis indiciis demonstratur. In hoc codice
desunt *Epistularum* Libri I et II et *Sermones* omnes praeter
Lib. I^mi primum, secundum, tertii partem; *Carminum* nonnulla tota omissa sunt, aliorum pars tantum data; et omnia

ordine a ceteris diverso. Lacunas in apparatu critico ubique notavi.

Ceterorum codicum quorum lectiones, apparatu Kelleriano maxima ex parte fretus [1], adnotavi maior pars X^{mi} saeculi esse habetur, nonnullos (*a R* λ *l* δ *d* π *u*) O. Keller ad nonum vel nonum exiens nunc retrahit. XI^{mo} saeculo refert duos (γ *C*), XII^{mo} unum (*E*), quos ut bonarum lectionum tenacissimos suis adiunxit. Recentiorum unum (*g*) inclusit, Gothanum codicem XV^{mi} saeculi, ut qui codicem V pluribus locis omnium quos habemus solus secutus esse videretur [2].

Codices hos omnes in classis vel familias dividi posse quod Ottoni Keller placuit, non pro comperto nos habere supra diximus : verum nonnullos esse qui artiore aliquo similitudinis vinculo alter alteri coniuncti sint nemini non occurret qui vel nostras adnotationes inspiciat. Paria eiusmodi ita componit O. Keller : A *a*, λ *l*, δ *d*, φ ψ, *D* τ, *BC*. In memoria quidem tenendum est codicum paucos sane totum Horati contextum continere, plerosque parte aliqua mutilos esse. Illud igitur in apparatu critico studui ut quantum fieri posset lectori appareret quorum codicum testimonio in quaque poematum parte uteremur.

Acr., Porph., Comm. Cruq. His signis indicavi ab explicatione ipsa quam in Pseudo-Acronis vel Porphyrionis [3]

---

[1] Codicum βσ lectiones ex editionibus Orellianis sumpsi : codicis Reginensis (R^s) in Collegio Reginensi apud Oxoniensis asservati, qui a R. Bentley magno aestimatus est, lectiones huic editioni denuo notavit vir humanissimus A. O. Prickard.

[2] Vid. ad *Serm.* i. 6. 126 ; i. 7. 17 ; ii. 3. 303 ; ii. 8. 88.

[3] De Scholiastis Horatianis videndum est quod scripsit O. Keller in Symbolis philologorum Bonnensium, Lips., Teubner, 1867. Breviter etiam dixi in praefatione ad editionem meam Horati maiorem, vol. i, p. 10.

vel Commentatoris Cruquiani[1] scholiis datam inveniamus concludi posse quicumque ita poetam explicuisset hanc vel illam scripturae varietatem in codicibus suis ante oculos habuisse. Sub signis *Schol.* γ, *gloss.* γ, etc., identidem ex apparatu Kelleriano exscripsi scholia alia vel glossas quae in margine codicum aliquorum ascriptae sunt. Porphyrionis quidem scholia, si integra ea et non, ut sunt, nonnullis certe in locis interpolata haberemus, quaesituros nos de contextu Horatiano ad III^{um} post Christum saeculum referrent: et cuiuscumque aetatis sint antiquiorum saltem iis quos habemus codicum lectiones sine dubio nobis repraesentant.

Sunt etiam auctores III^i et IV^{ti} saeculi, ii praesertim qui de re metrica aut grammatica scripserunt, apud quos versus Horatianos exscriptos legere possumus.

Cum vero ex longissima qua possumus vetustate testimonia eiusmodi repetiverimus fore fatendum est ut menda aliqua et varietates lectionis etiam tum exstitisse inveniamus. Scholiastae enim ipsi scripturam manifeste corruptam identidem tuentur[2], inter se de vera lectione discrepant[3], se apud codices nonnullis in locis varie scriptum ultro testantur invenisse[4]. Huc accedit humanum esse quod memoriter exscribamus per incuriam aliquando perperam ex-

---

[1] Hoc nomine appellantur scholiastarum interpretationes quas ex codicibus suis exscripsit Iacobus Cruquius.

[2] Vid. Porph. ad *Carm.* iii. 6. 27; *C. S.* 4; Pseudo-Acr. ad *Carm.* i. 17. 9; *C. S.* 5; Comm. Cruq. ad *Carm.* i. 12. 13.

[3] Vid. inter alia *Carm.* i. 27. 13 (quo in loco Porphyrioni deterior placet lectio); ii. 13. 38; *Serm.* i. 1. 38; *Epp.* i. 8. 12.

[4] Vid. Porph. ad *Carm.* ii. 6. 24; *Serm.* ii. 1. 79; *Epp.* ii. 2. 80; Pseudo Acr. ad *Epp.* ii. 2. 8; *A. P.* 190.

PRAEFATIO

scribere : quo in loco posuerimus non solum 'vulpeculam' illam Servii quae plumis nudetur (*Epp.* i. 3. 19) verum etiam Quintiliani illud 'intonsis' (*Carm.* i. 12. 41) Flavi Capri 'lactea' (*Carm.* i. 13. 2) Porphyrionis ipsius 'Proteus' (*Carm.* i. 15. 5) et multa eiusmodi alia.

E. C. W.

Scribebam Lindi Coloniae
Mense Decembri MDCCCC.

PRAEFATIO EDITIONIS ALTERIVS

OPVSCVLI quod anno MDCCCC edidit Eduardus Wickham poscitur nova editio : τὸν δὲ γαῖα κατέχει, virum mitis sapientiae, cauti iudici, doctrinae late conspicientis. Me Wickhami opus redintegrantem oportebat ante omnia Wickhami memoriae servire, ingenio ipsum meo modum imponere. Itaque in textu rarius mutavi quicquid Wickham statuit, et in apparatu critico—quamquam is quidem totus meus est—ita fui Wickhami memor ut brevis esse studuerim. Decem tantum codices adhibui ex fere CCL qui innotuerunt. Ex coniecturis quae numero carent eas selegi quae aliquam similitudinem veri habere videantur. In alio campo iacula sua torqueant Bentleii simii.

Cur novum apparatum conscriberem praecipua causa fuit melius iam a viris doctis intellecta codicum cognatio. Quippe trium ordinum illa Kelleri ratio, quam et ipse Wickham improbabat, iam dudum penitus explosa est. Veriorem rationem nuper aperuit Fridericus Vollmer : quem ita sequor ut in nonnullis tamen rebus levioris momenti a iudicio viri acutissimi dissentiam. Cum Vollmero duo classes codicum agnovi—ab illo notis ① ⓘⓘ, a me α β, insignitas. Sed in classe α constituenda notandum est primum quod codicem *M*, ne in quibusdam locis inopia

viii

testium laboremus, revocavi, nimii fortasse a Kellero habitum, a Vollmero ceterisque praeter modum elevatum:
deinde quod codicem *a* gemello eius *A* propterea praetuli
quia, cum ita sint similes ut utrum adhibeas susque deque
sit, *a* totum Horatium, *A* partem tantum servat: tertium
quod *B*, omnium librorum antiquissimum, minoris preti
duxi quam ceteri editores, quorum quosdam suspicor nimis
diu superstitiosos esse in codice et neglegenter descripto et
saepius aperte interpolato. E classe β prorsus abieci *R*,
codicem mixti generis, qui quantas turbas fecerit in
apparatu Vollmeriano neminem nisi ipsum Vollmerum
fallit. Classis β integerrimi sunt testes $\delta \pi \phi \psi$: quibus
adiunxit Vollmer λl. At in *Carminibus* et *Epodis* sunt
potius Mavortianae stirpis λl, id quod iam Keller per-
spexerat: et ne in dactylicis quidem codicum $\phi \psi$ testimonio quicquam verum addere videntur.

Stirpem α generi alteri longe praestare, et ab α precario
discedi, Horatianae criseos prima lex. Persaepe tamen in
α interpolatorem grassatum esse, veritatem in β servari,
docent loci quales sunt *Carm.* iv. 4. 36, 9. 31 : *Serm.* i. 4. 35.
Sed de hac re deque tota recensionis meae ratione fusius
alio loco me non multo posthac disputaturum esse spero.

H. W. G.

Scribebam Oxonii
  Mense Ianuario MDCCCCXII.

SIGLA

a = codex Ambrosianus 136, saec. x

B = codex Bernensis 363, saec. ix exeuntis

C et E = partes duae codicis Monacensis 14685, saec. xi

D = codex Argentoratensis deperditus, saec. x

M = codex Mellicensis, saec. xi

    α = consensus codicum $a\,BCDEM$

δ = codex Harleianus 2725, saec. ix

π = codex Parisinus 10310, saec. ix–x

ϕ = codex Parisinus 7974, saec. x

ψ = codex Parisinus 7971, saec. x

    β = consensus codicum $\delta\pi\phi\psi$ (in *Sermonum* maxima parte $\phi\psi$[1]: in *Epp.* i. 8. 7–ii. 2. 19 $\pi\phi\psi$)

V = codex Blandinius Vetustissimus deperditus, saec. x (?)

Acr. = interpretationes Pseudo-Acronis

Porph. = interpretationes Porphyrionis

Comm. Cruq. = commentator Cruquianus

[1] *Vide ad Serm.* i. 2. 71, 114

Q. HORATI FLACCI

CARMINVM

LIBER PRIMVS

I

Maecenas atavis edite regibus,
o et praesidium et dulce decus meum,
sunt quos curriculo pulverem Olympicum
collegisse iuvat, metaque fervidis
evitata rotis palmaque nobilis   5
terrarum dominos evehit ad deos;
hunc, si mobilium turba Quiritium
certat tergeminis tollere honoribus;
illum, si proprio condidit horreo
quidquid de Libycis verritur areis.   10
gaudentem patrios findere sarculo
agros Attalicis condicionibus
numquam dimoveas ut trabe Cypria
Myrtoum pavidus nauta secet mare.
luctantem Icariis fluctibus Africum   15
mercator metuens otium et oppidi
laudat rura sui; mox reficit ratis

a = aBEM⟩   I 5–6 *post* nobilis *graviter interpungit Pontanus, punctis
post* deos *sublatis*   7 nobilium $B^2\pi^1\psi^2$ 13 demoveas B 17 tuta
Acidalius

I

quassas, indocilis pauperiem pati.
est qui nec veteris pocula Massici
nec partem solido demere de die   20
spernit, nunc viridi membra sub arbuto
stratus, nunc ad aquae lene caput sacrae.
multos castra iuvant et lituo tubae
permixtus sonitus bellaque matribus
detestata. manet sub Iove frigido   25
venator tenerae coniugis immemor,
seu visa est catulis cerva fidelibus,
seu rupit teretes Marsus aper plagas.
me doctarum hederae praemia frontium
dis miscent superis, me gelidum nemus   30
nympharumque leves cum Satyris chori
secernunt populo, si neque tibias
Euterpe cohibet nec Polyhymnia
Lesboum refugit tendere barbiton.
quodsi me lyricis vatibus inseres,   35
sublimi feriam sidera vertice.

II

IAM satis terris nivis atque dirae
grandinis misit Pater et rubente
dextera sacras iaculatus arces
    terruit urbem,

terruit gentis, grave ne rediret   5
saeculum Pyrrhae nova monstra questae,
omne cum Proteus pecus egit altos
    visere montis,

piscium et summa genus haesit ulmo
nota quae sedes fuerat columbis,   10
et superiecto pavidae natarunt
    aequore dammae.

α = aBEM II 2 sqq. α = aBDEM] 25 detestanda ς Lactantius
Placidus   35 inseris β   II 10 palumbis π Porph.

vidimus flavum Tiberim retortis
litore Etrusco violenter undis
ire deiectum monumenta regis   15
   templaque Vestae,

Iliae dum se nimium querenti
iactat ultorem, vagus et sinistra
labitur ripa Iove non probante u-
   xorius amnis.   20

audiet civis acuisse ferrum
quo graves Persae melius perirent,
audiet pugnas vitio parentum
   rara iuventus.

quem vocet divum populus ruentis   25
imperi rebus? prece qua fatigent
virgines sanctae minus audientem
   carmina Vestam?

cui dabit partis scelus expiandi
Iuppiter? tandem venias precamur   30
nube candentis umeros amictus,
   augur Apollo;

sive tu mavis, Erycina ridens,
quam Iocus circum volat et Cupido;
sive neglectum genus et nepotes   35
   respicis auctor,

heu nimis longo satiate ludo,
quem iuvat clamor galeaeque leves
acer et Mauri peditis cruentum
   vultus in hostem;   40

sive mutata iuvenem figura
ales in terris imitaris almae
filius Maiae patiens vocari
   Caesaris ultor:

α = aBDEM⟩   13 retortis flavum δ   18 iactat velorum β   27
28 virgines scae̅ post Vestam δ   31 amictos D   39 Marsi Faber

3

serus in caelum redeas diuque   45
laetus intersis populo Quirini,
neve te nostris vitiis iniquum
    ocior aura

tollat; hic magnos potius triumphos,
hic ames dici pater atque princeps,   50
neu sinas Medos equitare inultos
    te duce, Caesar.

III

Sic te diva potens Cypri,
sic fratres Helenae, lucida sidera,
    ventorumque regat pater
obstrictis aliis praeter Iapyga,
    navis, quae tibi creditum   5
debes Vergilium, finibus Atticis
    reddas incolumem precor,
et serves animae dimidium meae.

    illi robur et aes triplex
circa pectus erat, qui fragilem truci   10
    commisit pelago ratem
primus, nec timuit praecipitem Africum
    decertantem Aquilonibus
nec tristis Hyadas nec rabiem Noti,
    quo non arbiter Hadriae   15
maior, tollere seu ponere vult freta.

    quem mortis timuit gradum,
qui siccis oculis monstra natantia,
    qui vidit mare turbidum et
infamis scopulos Acroceraunia?   20
    nequiquam deus abscidit
prudens Oceano dissociabili

45–52 α = aBDEM   III 1 sqq. α = aDEM]   49 potius magnos E
III 16 extollere φψ   19 turbidum Vα : turgidum β   20 Acro-
cerauniae β

4

terras, si tamen impiae
non tangenda rates transiliunt vada.
    audax omnia perpeti   25
gens humana ruit per vetitum nefas.
    audax Iapeti genus
ignem fraude mala gentibus intulit.
    post ignem aetheria domo
subductum macies et nova febrium   30
    terris incubuit cohors,
semotique prius tarda necessitas
    leti corripuit gradum.
expertus vacuum Daedalus aera
    pennis non homini datis: 35
perrupit Acheronta Herculeus labor.
    nil mortalibus ardui est:
caelum ipsum petimus stultitia neque
    per nostrum patimur scelus
iracunda Iovem ponere fulmina.   40

IV

SOLVITVR acris hiems grata vice veris et Favoni,
    trahuntque siccas machinae carinas,
ac neque iam stabulis gaudet pecus aut arator igni,
    nec prata canis albicant pruinis.
iam Cytherea choros ducit Venus imminente Luna,   5
    iunctaeque Nymphis Gratiae decentes
alterno terram quatiunt pede, dum gravis Cyclopum
    Vulcanus ardens visit officinas.
nunc decet aut viridi nitidum caput impedire myrto
    aut flore terrae quem ferunt solutae;   10
nunc et in umbrosis Fauno decet immolare lucis,
    seu poscat agna sive malit haedo.

α = *aDEM*] 26 perpetuum in *Bartsch*   37 arduum *EM*   iV 8
visit αφ² *Sacerdos* : urit ßa² *et marg. D*   12 agnam *a*(?)*M*π¹

pallida Mors aequo pulsat pede pauperum tabernas
    regumque turris. o beate Sesti,
vitae summa brevis spem nos vetat incohare longam.   15
    iam te premet nox fabulaeque Manes
et domus exilis Plutonia; quo simul mearis,
    nec regna vini sortiere talis,
nec tenerum Lycidan mirabere, quo calet iuventus
    nunc omnis et mox virgines tepebunt.   20

V

Qvis multa gracilis te puer in rosa
perfusus liquidis urget odoribus
    grato, Pyrrha, sub antro?
      cui flavam religas comam,

simplex munditiis? heu quotiens fidem   5
mutatosque deos flebit et aspera
    nigris aequora ventis
      emirabitur insolens,

qui nunc te fruitur credulus aurea,
qui semper vacuam, semper amabilem   10
    sperat, nescius aurae
      fallacis! miseri, quibus

intemptata nites. me tabula sacer
votiva paries indicat uvida
    suspendisse potenti   15
      vestimenta maris deo.

VI

Scriber Vario fortis et hostium
victor Maeonii carminis alite,
quam rem cumque ferox navibus aut equis
    miles te duce gesserit:

a = aDEM]   16 fabulaeque et manes aDM   V 2 unguet *Victori-*
nus   6 motatosque *E, frequens in hoc errore*   14 humida φψ
VI 2 aliti *Passeratius*   3 qua *M Bentley*

nos, Agrippa, neque haec dicere nec gravem   5
Pelidae stomachum cedere nescii
nec cursus duplicis per mare Vlixei
    nec saevam Pelopis domum

conamur, tenues grandia, dum pudor
imbellisque lyrae Musa potens vetat   10
laudes egregii Caesaris et tuas
    culpa deterere ingeni.

quis Martem tunica tectum adamantina
digne scripserit aut pulvere Troico
nigrum Merionen aut ope Palladis   15
    Tydiden superis parem?

nos convivia, nos proelia virginum
sectis in iuvenes unguibus acrium
cantamus vacui, sive quid urimur
    non praeter solitum leves.   20

VII

LAVDABVNT alii claram Rhodon aut Mytilenen
    aut Epheson bimarisve Corinthi
moenia vel Baccho Thebas vel Apolline Delphos
    insignis aut Thessala Tempe:
sunt quibus unum opus est intactae Palladis urbem   5
    carmine perpetuo celebrare et
undique decerptam fronti praeponere olivam:
    plurimus in Iunonis honorem
aptum dicet equis Argos ditisque Mycenas:
    me nec tam patiens Lacedaemon   10
nec tam Larisae percussit campus opimae,
    quam domus Albuneae resonantis
et praeceps Anio ac Tiburni lucus et uda
    mobilibus pomaria rivis.

a = *aDEM*⏋   7 duplicis **δD** *Porph.* : duplices *aEM* : dupliceis *V*
18 strictis *Bentley*   VII 5 est opus φ   7 indeque *Bonhier*
decerptae frondi *Erasmus apud Glareanum*   oleam **δ**   8 honore
Gudendorp   9 dicet *Dδπψ* : dicit *aEMψ*

albus ut obscuro deterget nubila caelo 15
    saepe Notus neque parturit imbris
perpetuo, sic tu sapiens finire memento
    tristitiam vitaeque labores
molli, Plance, mero, seu te fulgentia signis
    castra tenent seu densa tenebit 20
Tiburis umbra tui. Teucer Salamina patremque
    cum fugeret, tamen uda Lyaeo
tempora populea fertur vinxisse corona,
    sic tristis adfatus amicos :
'quo nos cumque feret melior fortuna parente, 25
    ibimus, o socii comitesque.
nil desperandum Teucro duce et auspice : Teucri
    certus enim promisit Apollo
ambiguam tellure nova Salamina futuram.
    o fortes peioraque passi 30
mecum saepe viri, nunc vino pellite curas;
    cras ingens iterabimus aequor.'

VIII

    LYDIA, dic, per omnis
hoc deos vere, Sybarin cur properes amando
    perdere, cur apricum
oderit campum, patiens pulveris atque solis,
    cur neque militaris 5
inter aequalis equitet, Gallica nec lupatis
    temperet ora frenis ?
cur timet flavum Tiberim tangere ? cur olivum
    sanguine viperino
cautius vitat neque iam livida gestat armis 10

α = aDEM (in VIII aBDEM)]   15 Hinc novum carmen in ßa²
16 nec Dδ   17 perpetuo ßa² : perpetuos α Servius   18 tristitia
D¹π³   22 tamen aδ² : ter ß   23 populna aD¹   27 Teucri
aD²EM Acr. Victorinus : Teucro ßD¹ : Phoebo Bentley   31 curam
EM   VIII 2 hoc aδπ¹ : te π²φψ   vere α : oro ßD²   properas
τφ²   4 impatiens Bentley   6 equitat δ¹π   7 temperat δ¹

bracchia, saepe disco,
saepe trans finem iaculo nobilis expedito?
    quid latet, ut marinae
filium dicunt Thetidis sub lacrimosa Troiae
    funera, ne virilis   15
cultus in caedem et Lycias proriperet catervas?

IX

VIDES ut alta stet nive candidum
Soracte, nec iam sustineant onus
    silvae laborantes, geluque
        flumina constiterint acuto.

dissolve frigus ligna super foco   5
large reponens atque benignius
    deprome quadrimum Sabina,
        o Thaliarche, merum diota:

permitte divis cetera, qui simul
stravere ventos aequore fervido   10
    deproeliantis, nec cupressi
        nec veteres agitantur orni.

quid sit futurum cras fuge quaerere et
quem Fors dierum cumque dabit lucro
    appone, nec dulcis amores   15
        sperne puer neque tu choreas,

donec virenti canities abest
morosa. nunc et campus et areae
    lenesque sub noctem susurri
        composita repetantur hora,   20

nunc et latentis proditor intimo
gratus puellae risus ab angulo
    pignusque dereptum lacertis
        aut digito male pertinaci.

a = aDEM (in VIII aBDEM)]   IX 5 luna $D^2\pi^2\phi\psi$: vina δ^1 6
largiri potis β   7 depone β   14 sors Fea   23 direptum δπ

X

MERCVRI, facunde nepos Atlantis,
qui feros cultus hominum recentum
voce formasti catus et decorae
    more palaestrae,

te canam, magni Iovis et deorum   5
nuntium curvaeque lyrae parentem,
callidum quidquid placuit iocoso
    condere furto.

te, boves olim nisi reddidisses
per dolum amotas, puerum minaci   10
voce dum terret, viduus pharetra
    risit Apollo.

quin et Atridas duce te superbos
Ilio dives Priamus relicto
Thessalosque ignis et iniqua Troiae   15
    castra fefellit.

tu pias laetis animas reponis
sedibus virgaque levem coerces
aurea turbam, superis deorum
    gratus et imis.   20

XI

TV ne quaesieris, scire nefas, quem mihi, quem tibi
finem di dederint, Leuconoe, nec Babylonios
temptaris numeros. ut melius, quidquid erit, pati,
seu pluris hiemes seu tribuit Iuppiter ultimam,
quae nunc oppositis debilitat pumicibus mare   5
Tyrrhenum : sapias, vina liques, et spatio brevi
spem longam reseces. dum loquimur, fugerit invida
aetas : carpe diem, quam minimum credula postero.

a = aDEM⟩ X 1 *interpunxit Bentley*   17 animas laetis ß   19-20
aurea turbam *post* imis π, *om.* δ

XII

QVEM virum aut heroa lyra vel acri
tibia sumis celebrare, Clio?
quem deum? cuius recinet iocosa
    nomen imago
aut in umbrosis Heliconis oris   5
aut super Pindo gelidove in Haemo,
unde vocalem temere insecutae
    Orphea silvae
arte materna rapidos morantem
fluminum lapsus celerisque ventos,   10
blandum et auritas fidibus canoris
    ducere quercus?
quid prius dicam solitis parentis
laudibus, qui res hominum ac deorum,
qui mare et terras variisque mundum   15
    temperat horis?
unde nil maius generatur ipso,
nec viget quicquam simile aut secundum:
proximos illi tamen occupavit
    Pallas honores.   20
proeliis audax, neque te silebo,
Liber, et saevis inimica Virgo
beluis, nec te, metuende certa
    Phoebe sagitta.
dicam et Alciden puerosque Ledae,   25
hunc equis, illum superare pugnis
nobilem; quorum simul alba nautis
    stella refulsit,

a = aBDEM] XII 2 sumis aπ : sumes Vδφψ   Clio aπ² : caelo ß
3 recinet V : retinet aπ¹ : recinit ß   11 blandum] doctum *Servius*
12 beluae G. *Wolff*   13 parentis VaE : parentum ßD et marg. V
15 aut terram ß : ac terras B¹   19 occupabit *Robertus Stephanus*

defluit saxis agitatus umor,
concidunt venti fugiuntque nubes,   30
et minax, †quia sic voluere, ponto
    unda recumbit.

Romulum post hos prius an quietum
Pompili regnum memorem an superbos
Tarquini fascis, dubito, an Catonis   35
    nobile letum.

Regulum et Scauros animaeque magnae
prodigum Paulum superante Poeno
gratus insigni referam Camena
    Fabriciumque.   40

hunc et incomptis Curium capillis
utilem bello tulit et Camillum
saeva paupertas et avitus apto
    cum lare fundus.

crescit occulto velut arbor aevo   45
fama Marcelli; micat inter omnis
Iulium sidus velut inter ignis
    luna minores.

gentis humanae pater atque custos,
orte Saturno, tibi cura magni   50
Caesaris fatis data: tu secundo
    Caesare regnes.

ille seu Parthos Latio imminentis
egerit iusto domitos triumpho,
sive subiectos Orientis orae   55
    Seras et Indos,

te minor laetum reget aequus orbem;
tu gravi curru quaties Olympum,
tu parum castis inimica mittes
    fulmina lucis.   60

a = aBDEM]   31 qui B : quod D¹   siē (i. e. sicut) B   35 an
catenis nobilitatum Regulum *Hamacher*   36 letum aπ¹ : lectum β
41 nunc β   intonsis *Quintilian*   43 arto *ed. Mediol.* 1477   46
Marcellis *Peerlkamp*   51 fatis *om.* β   57 latum regit β

XIII

Cvm tu, Lydia, Telephi
cervicem roseam, cerea Telephi
　　laudas bracchia, vae meum
　　fervens difficili bile tumet iecur.

　　tum nec mens mihi nec color　　　　　　5
certa sede manent, umor et in genas
　　furtim labitur, arguens
quam lentis penitus macerer ignibus.

　　uror, seu tibi candidos
turparunt umeros ˙immodicae mero　　　　10
　　rixae, sive puer furens
impressit memorem dente labris notam.

　　non, si me satis audias,
speres perpetuum dulcia barbare
　　laedentem oscula quae Venus　　　　　15
quinta parte sui nectaris imbuit.

　　felices ter et amplius
quos irrupta tenet copula nec malis
　　divulsus querimoniis
suprema citius solvet amor die.　　　　　20

XIV

O navis, referent in mare te novi
fluctus! o quid agis? fortiter occupa
　　portum! nonne vides ut
　　nudum remigio latus,

et malus celeri saucius Africo,　　　　　5
antennaeque gemant, ac sine funibus
　　vix durare carinae
　　possint imperiosius

α = aBDEM]　　XIII 2 lactea *Caper*　　5 tunc *aE*　　6 manet *B*
13 audies *Dδ*　　19 divulsusque prementibus *δ¹π¹*　　XIV 5 sauciu⸗
α: actus ß　　6 gemunt δ　　8 possunt *E Servius*

aequor ? non tibi sunt integra lintea,
non di quos iterum pressa voces malo.   10
   quamvis Pontica pinus,
     silvae filia nobilis,

iactes et genus et nomen inutile,
nil pictis timidus navita puppibus
   fidit. tu, nisi ventis   15
     debes ludibrium, cave.

nuper sollicitum quae mihi taedium,
nunc desiderium curaque non levis,
   interfusa nitentis
     vites aequora Cycladas.   20

XV

PASTOR cum traheret per freta navibus
Idaeis Helenen perfidus hospitam,
   ingrato celeris obruit otio
     ventos, ut caneret fera

Nereus fata : mala ducis avi domum,   5
quam multo repetet Graecia milite,
   coniurata tuas rumpere nuptias
     et regnum Priami vetus.

heu heu, quantus equis, quantus adest viris
sudor ! quanta moves funera Dardanae   10
genti ! iam galeam Pallas et aegida
   currusque et rabiem parat.

nequiquam Veneris praesidio ferox
pectes caesariem grataque feminis
imbelli cithara carmina divides,   15
   nequiquam thalamo gravis

α = aBDEM]   13 genus nomen D   XV 5 Nereos δ¹ : Proteus
Porph. Lactantius Placidus   9 heu heu α : eheu ß

14

hastas et calami spicula Gnosii
vitabis strepitumque et celerem sequi
Aiacem; tamen heu serus adulteros
    cultus pulvere collines.   20

non Laertiaden, exitium tuae
gentis, non Pylium Nestora respicis?
urgent impavidi te Salaminius
    Teucer, te Sthenelus sciens

pugnae, sive opus est imperitare equis,   25
non auriga piger. Merionen quoque
nosces. ecce furit te reperire atrox
    Tydides melior patre,

quem tu, cervus uti vallis in altera
visum parte lupum graminis immemor,   30
sublimi fugies mollis anhelitu,
    non hoc pollicitus tuae.

iracunda diem proferet Ilio
matronisque Phrygum classis Achillei;
post certas hiemes uret Achaicus   35
    ignis Iliacas domos.

XVI

O MATRE pulchra filia pulchrior,
quem criminosis cumque voles modum
    pones iambis, sive flamma
        sive mari libet Hadriano.

non Dindymene, non adytis quatit   5
mentem sacerdotum incola Pythius,
    non Liber aeque, non acuta
        sic geminant Corybantes aera,

α = aBDEM] 20-32 om. B   20 cultus β : crines α   21 exci-
dium δ   22 genti δφψ   24 et DEδ   36 Pergameas ed. Petri
von Os Zwollis 1500, Glareanus e codd.   XVI 3 ponis β   flammam
ψψ   8 si π¹, fort. recte

tristes ut irae, quas neque Noricus
deterret ensis nec mare naufragum   10
  nec saevus ignis nec tremendo
    Iuppiter ipse ruens tumultu.

fertur Prometheus addere principi
limo coactus particulam undique
  desectam et insani leonis   15
    vim stomacho apposuisse nostro.

irae Thyesten exitio gravi
stravere et altis urbibus ultimae
  stetere causae cur perirent
    funditus imprimeretque muris   20

hostile aratrum exercitus insolens.
compesce mentem : me quoque pectoris
  temptavit in dulci iuventa
    fervor et in celeris iambos

misit furentem : nunc ego mitibus   25
mutare quaero tristia, dum mihi
  fias recantatis amica
    opprobriis animumque reddas.

XVII

Velox amoenum saepe Lucretilem
mutat Lycaeo Faunus et igneam
  defendit aestatem capellis
    usque meis pluviosque ventos.

impune tutum per nemus arbutos   5
quaerunt latentis et thyma deviae
  olentis uxores mariti,
    nec viridis metuunt colubras

a = aBDEM]   15-28 om. B   XVII 3 capillis B

16

nec Martialis Haediliae lupos,
utcumque dulci, Tyndari, fistula   10
   valles et Vsticae cubantis
     levia personuere saxa.

di me tuentur, dis pietas mea
et musa cordi est. hic tibi copia
   manabit ad plenum benigno   15
     ruris honorum opulenta cornu:

hic in reducta valle Caniculae
vitabis aestus et fide Teia
   dices laborantis in uno
     Penelopen vitreamque Circen: 20

hic innocentis pocula Lesbii
duces sub umbra, nec Semeleius
   cum Marte confundet Thyoneus
     proelia, nec metues protervum

suspecta Cyrum, ne male dispari   25
incontinentis iniciat manus
   et scindat haerentem coronam
     crinibus immeritamque vestem.

XVIII

Nvllam, Vare, sacra vite prius severis arborem
circa mite solum Tiburis et moenia Catili.
siccis omnia nam dura deus proposuit, neque
mordaces aliter diffugiunt sollicitudines.   4
quis post vina gravem militiam aut pauperiem crepat?
quis non te potius, Bacche pater, teque, decens Venus?
ac ne quis modici transiliat munera Liberi,

α=aBDEM]   XVII 9 haedilia (*nisi quod* haediliae *B*) α: hoedulei
Auratus: haeduleae *Bentley*   14 hic *D*π: hinc *cett.*   19 unum
schol. Pers. Acr.   XVIII 2 cat(h)illi *codd.*   5 crepat *a¹DM*
Nonius: crepet *Servius*: increpat ßa²E

Centaurea monet cum Lapithis rixa super mero
debellata, monet Sithoniis non levis Euhius,
cum fas atque nefas exiguo fine libidinum   10
discernunt avidi. non ego te, candide Bassareu,
invitum quatiam, nec variis obsita frondibus
sub divum rapiam. saeva tene cum Berecyntio
cornu tympana, quae subsequitur caecus Amor sui
et tollens vacuum plus nimio Gloria verticem   15
arcanique Fides prodiga, perlucidior vitro.

XIX

Mater saeva Cupidinum
Thebanaeque iubet me Semelae puer
  et lasciva Licentia
finitis animum reddere amoribus.

  urit me Glycerae nitor   5
splendentis Pario marmore purius :
  urit grata protervitas
et vultus nimium lubricus aspici.

  in me tota ruens Venus
Cyprum deseruit, nec patitur Scythas   10
  et versis animosum equis
Parthum dicere nec quae nihil attinent.

  hic vivum mihi caespitem, hic
verbenas, pueri, ponite turaque
  bimi cum patera meri :   15
mactata veniet lenior hostia.

XX

Vile potabis modicis Sabinum
cantharis, Graeca quod ego ipse testa
conditum levi, datus in theatro
  cum tibi plausus,

care Maecenas eques, ut paterni 5
fluminis ripae simul et iocosa
redderet laudes tibi Vaticani
   montis imago.
Caecubum et prelo domitam Caleno
tu bibes uvam: mea nec Falernae 10
temperant vites neque Formiani
   pocula colles.

XXI

DIANAM tenerae dicite virgines,
intonsum, pueri, dicite Cynthium
     Latonamque supremo
       dilectam penitus Iovi.
vos laetam fluviis et nemorum coma, 5
quaecumque aut gelido prominet Algido
     nigris aut Erymanthi
       silvis aut viridis Cragi.
vos Tempe totidem tollite laudibus
natalemque, mares, Delon Apollinis, 10
     insignemque pharetra
       fraternaque umerum lyra.
hic bellum lacrimosum, hic miseram famem
pestemque a populo et principe Caesare in
     Persas atque Britannos 15
       vestra motus aget prece.

XXII

INTEGER vitae scelerisque purus
non eget Mauris iaculis neque arcu
nec venenatis gravida sagittis,
   Fusce, pharetra,

α = aBDEM]   5 clare ς, *fort. recte*   10 tum *Porph.*   vides
Munro : moves *Buecheler* : liques *G. Krueger*   XXI 5 coma *D²δ¹π* :
comam *αVδ²φψ*   13 hinc *π¹* : haec *Bentley*   14 in *om.* αδ²
XXII 2 nec α   4 Tusce *ψ¹* : Fuse *Victorinus*

sive per Syrtis iter aestuosas   5
sive facturus per inhospitalem
Caucasum vel quae loca fabulosus
    lambit Hydaspes.

namque me silva lupus in Sabina,
dum meam canto Lalagen et ultra   10
terminum curis vagor expeditis,
    fugit inermem,

quale portentum neque militaris
Daunias latis alit aesculetis
nec Iubae tellus generat, leonum   15
    arida nutrix.

pone me pigris ubi nulla campis
arbor aestiva recreatur aura,
quod latus mundi nebulae malusque
    Iuppiter urget ;   20

pone sub curru nimium propinqui
solis in terra domibus negata :
dulce ridentem Lalagen amabo,
    dulce loquentem.

XXIII

VITAS inuleo me similis, Chloe,
quaerenti pavidam montibus aviis
    matrem non sine vano
        aurarum et siluae metu.

nam seu mobilibus veris inhorruit   5
adventus foliis seu virides rubum
    dimovere lacertae,
        et corde et genibus tremit.

a = *aBDEM*] 11 expeditus $\pi^2\phi^2$ 15 iuba $\pi^1\phi\psi$ 18 recreetur
umbra *bis Victorinus*   XXIII 1 vitas *Comm. Cruq.* ς : vitat *codd.*
5 vepris *Gogavius* : vitis *Muretus*   6 ad ventum *Muretus* : ad ventos
Keller

atqui non ego te tigris ut aspera
Gaetulusve leo frangere persequor :   10
   tandem desine matrem
     tempestiva sequi viro.

XXIV

Qvis desiderio sit pudor aut modus
tam cari capitis ? praecipe lugubris
cantus, Melpomene, cui liquidam pater
   vocem cum cithara dedit.

ergo Quintilium perpetuus sopor   5
urget ! cui Pudor et Iustitiae soror,
incorrupta Fides, nudaque Veritas
   quando ullum inveniet parem ?

multis ille bonis flebilis occidit,
nulli flebilior quam tibi, Vergili.   10
tu frustra pius heu non ita creditum
   poscis Quintilium deos.

quid si Threicio blandius Orpheo
auditam moderere arboribus fidem,
num vanae redeat sanguis imagini,   15
   quam virga semel horrida,

non lenis precibus fata recludere,
nigro compulerit Mercurius gregi ?
durum : sed levius fit patientia
   quidquid corrigere est nefas.   20

XXV

Parcivs iunctas quatiunt fenestras
iactibus crebris iuvenes protervi,
nec tibi somnos adimunt, amatque
   ianua limen,

a = aBDEM] XXIV 14 moderere saepe arboribus π¹φψ

quae prius multum facilis movebat   5
cardines; audis minus et minus iam
‘ me tuo longas pereunte noctes,
    Lydia, dormis ? ’

invicem moechos anus arrogantis
flebis in solo levis angiportu,   10
Thracio bacchante magis sub inter-
    lunia vento,

cum tibi flagrans amor et libido,
quae solet matres furiare equorum,
saeviet circa iecur ulcerosum,   15
    non sine questu

laeta quod pubes hedera virenti
gaudeat pulla magis atque myrto,
aridas frondis hiemis sodali
    dedicet Hebro.   20

XXVI

Mvsis amicus tristitiam et metus
tradam protervis in mare Creticum
    portare ventis, quis sub Arcto
       rex gelidae metuatur orae,

quid Tiridaten terreat, unice   5
securus. o quae fontibus integris
    gaudes, apricos necte flores,
       necte meo Lamiae coronam,

Piplei dulcis ! nil sine te mei
prosunt honores : hunc fidibus novis,   10
    hunc Lesbio sacrare plectro
       teque tuasque decet sorores.

α = aBDEM]   XXV 11 vagans *Vsener*   17 virente β   20 Euro
ed. Argent. 1516   XXVI 5-12 om. B   9 Piplei *Forph.* : Piplea
codd.   12 om. δ¹

XXVII

NATIS in usum laetitiae scyphis
pugnare Thracum est : tollite barbarum
   morem, verecundumque Bacchum
     sanguineis prohibete rixis.

vino et lucernis Medus acinaces   5
immane quantum discrepat : impium
   lenite clamorem, sodales,
     et cubito remanete presso.

vultis severi me quoque sumere
partem Falerni ? dicat Opuntiae   10
   frater Megillae, quo beatus
     vulnere, qua pereat sagitta.

cessat voluntas ? non alia bibam
mercede. quae te cumque domat Venus,
   non erubescendis adurit   15
     ignibus, ingenuoque semper

amore peccas. quidquid habes, age
depone tutis auribus. a ! miser,
   quanta laborabas Charybdi,
     digne puer meliore flamma.   20

quae saga, quis te solvere Thessalis
magus venenis, quis poterit deus ?
   vix illigatum te triformi
     Pegasus expediet Chimaera.

XXVIII

TE maris et terrae numeroque carentis harenae
   mensorem cohibent, Archyta,
pulveris exigui prope litus parva Matinum
   munera, nec quicquam tibi prodest

a = aBDEM]   XXVII 1 usus *Servius*   5 acinacis a   13
voluptas ßBD²   14 te *om.* ß   19 laboras Eʰ : laboras in *Aldus* :
laboras ab *Oudendorp* : laborabis *Weber*   XXVIII a prohibent
Victorinus   3 latum (latus *E*) a

aerias temptasse domos animoque rotundum 5
    percurrisse polum morituro.
occidit et Pelopis genitor, conviva deorum,
    Tithonusque remotus in auras,
et Iovis arcanis Minos admissus, habentque
    Tartara Panthoiden iterum Orco 10
demissum, quamvis clipeo Troiana refixo
    tempora testatus nihil ultra
nervos atque cutem morti concesserat atrae,
    iudice te non sordidus auctor
naturae verique. sed omnis una manet nox 15
    et calcanda semel via leti.
dant alios Furiae torvo spectacula Marti;
    exitio est avidum mare nautis;
mixta senum ac iuvenum densentur funera; nullum
    saeva caput Proserpina fugit. 20
me quoque devexi rapidus comes Orionis
    Illyricis Notus obruit undis.
at tu, nauta, vagae ne parce malignus harenae
    ossibus et capiti inhumato
particulam dare: sic, quodcumque minabitur Eurus 25
    fluctibus Hesperiis, Venusinae
plectantur silvae te sospite, multaque merces
    unde potest tibi defluat aequo
ab Iove Neptunoque sacri custode Tarenti.
    neglegis immeritis nocituram 30
postmodo te natis fraudem committere? fors et
    debita iura vicesque superbae
te maneant ipsum: precibus non linquar inultis,
    teque piacula nulla resolvent.
quamquam festinas, non est mora longa; licebit 35
    iniecto ter pulvere curras.

α = aBDEM⌐ 15 nox ßE¹ : mors α 18–19 *trsp.* a 19 et ß
24 intumulato *Peerlkamp* 31 fors et E*φψ* : forset D*δπ* : forsit a :
forsan π²B

XXIX

Icci, beatis nunc Arabum invides
gazis, et acrem militiam paras
   non ante devictis Sabaeae
     regibus, horribilique Medo
nectis catenas? quae tibi virginum   5
sponso necato barbara serviet?
   puer quis ex aula capillis
     ad cyathum statuetur unctis,
doctus sagittas tendere Sericas
arcu paterno? quis neget arduis   10
   pronos relabi posse rivos
     montibus et Tiberim reverti,
cum tu coemptos undique nobilis
libros Panaeti Socraticam et domum
   mutare loricis Hiberis,   15
     pollicitus meliora, tendis?

XXX

O Venvs, regina Cnidi Paphique,
sperne dilectam Cypron et vocantis
ture te multo Glycerae decoram
   transfer in aedem.
fervidus tecum puer et solutis   5
Gratiae zonis properentque Nymphae
et parum comis sine te Iuventas
   Mercuriusque.

XXXI

Qvid dedicatum poscit Apollinem
vates? quid orat de patera novum
   fundens liquorem? non opimae
     Sardiniae segetes feraces,

α = aBEM (*in* XXIX 1 = aBDEM)]   XXIX 7–16 *om. B*   11 post
servos φ¹   13 nobiles β   XXX 6 nodis π¹   7–XXXIII 15 *om. M*

non aestuosae grata Calabriae 5
armenta, non aurum aut ebur Indicum,
   non rura quae Liris quieta
      mordet aqua taciturnus amnis.

premant Calenam falce quibus dedit
fortuna vitem, dives et aureis 10
   mercator exsiccet culullis
      vina Syra reparata merce,

dis carus ipsis, quippe ter et quater
anno revisens aequor Atlanticum
   impune. me pascunt olivae, 15
      me cichorea levesque malvae.

frui paratis et valido mihi,
Latoe, dones, at, precor, integra
   cum mente, nec turpem senectam
      degere nec cithara carentem. 20

XXXII

Poscimvr. si quid vacui sub umbra
lusimus tecum, quod et hunc in annum
vivat et pluris, age dic Latinum,
   barbite, carmen,

Lesbio primum modulate civi, 5
qui ferox bello, tamen inter arma
sive iactatam religarat udo
   litore navim,

Liberum et Musas Veneremque et illi
semper haerentem puerum canebat 10
et Lycum nigris oculis nigroque
   crine decorum.

a = aBE (in XXXI 16 sqq. = aBDE)] 9 Calenam *lemma Porph.*:
Calena *codd.* 10 ut *B*δ¹φψ 11 culillis *aE* XXXII 1
poscimur *V*(?)β *Servius Vergil*: poscimus aδ *sscr. Diomedes Servius
Metr. Hor.*

o decus Phoebi et dapibus supremi
grata testudo Iovis, o laborum
dulce lenimen, mihi cumque salve   15
   rite vocanti.

XXXIII

ALBI, ne doleas plus nimio memor
immitis Glycerae neu miserabilis
decantes elegos, cur tibi iunior
   laesa praeniteat fide,

insignem tenui fronte Lycorida   5
Cyri torret amor, Cyrus in asperam
declinat Pholoen; sed prius Apulis
   iungentur capreae lupis,

quam turpi Pholoe peccet adultero.
sic visum Veneri, cui placet imparis   10
formas atque animos sub iuga aenea
   saevo mittere cum ioco.

ipsum me melior cum peteret Venus,
grata detinuit compede Myrtale
libertina, fretis acrior Hadriae   15
   curvantis Calabros sinus.

XXXIV

PARCVS deorum cultor et infrequens
insanientis dum sapientiae
   consultus erro, nunc retrorsum
     vela dare atque iterare cursus

cogor relictos: namque Diespiter,   5
igni corusco nubila dividens
   plerumque, per purum tonantis
     egit equos volucremque currum,

a = aDE (in XXXII 13-16 = aBDE: XXXIII 16 sqq. = aDEM)] 15
dulce] quale Sudhaus   cuique Bentley: tuque Peerlkamp   XXXIII
6 Cyri te torret ß   XXXIV 1 parcus (al. parens) D   5 relectos
N. Heinsius

quo bruta tellus et vaga flumina,
quo Styx et invisi horrida Taenari   10
   sedes Atlanteusque finis
      concutitur. valet ima summis

mutare et insignem attenuat deus,
obscura promens; hinc apicem rapax
   fortuna cum stridore acuto   15
      sustulit, hic posuisse gaudet.

XXXV

O DIVA, gratum quae regis Antium,
praesens vel imo tollere de gradu
   mortale corpus vel superbos
      vertere funeribus triumphos,

te pauper ambit sollicita prece   5
ruris colonus, te dominam aequoris
   quicumque Bithyna lacessit
      Carpathium pelagus carina.

te Dacus asper, te profugi Scythae,
urbesque gentesque et Latium ferox   10
   regumque matres barbarorum et
      purpurei metuunt tyranni,

iniurioso ne pede proruas
stantem columnam, neu populus frequens
   ad arma cessantis, ad arma   15
      concitet imperiumque frangat.

te semper anteit serva Necessitas,
clavos trabalis et cuneos manu
   gestans aena, nec severus
      uncus abest liquidumque plumbum.   20

a = aBDEM (in XXXIV 11-16 = aDEM\]   13 insigne Bentley
16 hunc E   XXXV 17 serva Vaδ² Porph. : saeva β

te Spes et albo rara Fides colit
velata panno, nec comitem abnegat,
   utcumque mutata potentis
     veste domos inimica linquis.

at vulgus infidum et meretrix retro   25
periura cedit, diffugiunt cadis
   cum faece siccatis amici
     ferre iugum pariter dolosi.

serves iturum Caesarem in ultimos
orbis Britannos et iuvenum recens   30
   examen Eois timendum
     partibus Oceanoque rubro.

eheu, cicatricum et sceleris pudet
fratrumque.   quid nos dura refugimus
   aetas? quid intactum nefasti   35
     liquimus? unde manum iuventus

metu deorum continuit? quibus
pepercit aris? o utinam nova
   incude diffingas retusum in
     Massagetas Arabasque ferrum!   40

XXXVI

Et ture et fidibus iuvat
placare et vituli sanguine debito
   custodes Numidae deos,
qui nunc Hesperia sospes ab ultima
   caris multa sodalibus,   5
nulli plura tamen dividit oscula
   quam dulci Lamiae, memor
actae non alio rege puertiae
   mutataeque simul togae.
Cressa ne careat pulchra dies nota,   10

α=aBDEM] 26 fugiunt (diff- δ²) **β**   33 eheu Dδφ : heu heu
a²π : heheu ψ : heu a¹EM   36 linquimus BE   39 defingas BMψ :
diffindas π   XXXVI 6 nulla Eπ¹   8 pueritiae Eπ¹

neu promptae modus amphorae,
neu morem in Salium sit requies pedum,
neu multi Damalis meri
Bassum Threicia vincat amystide,
neu desint epulis rosae   15
neu vivax apium neu breve lilium.
omnes in Damalin putris
deponent oculos, nec Damalis novo
divelletur adultero
lascivis hederis ambitiosior.   20

XXXVII

Nvnc est bibendum, nunc pede libero
pulsanda tellus, nunc Saliaribus
ornare pulvinar deorum
tempus erat dapibus, sodales.

antehac nefas depromere Caecubum   5
cellis avitis, dum Capitolio
regina dementis ruinas
funus et imperio parabat

contaminato cum grege turpium
morbo virorum, quidlibet impotens   10
sperare fortunaque dulci
ebria. sed minuit furorem

vix una sospes navis ab ignibus,
mentemque lymphatam Mareotico
redegit in veros timores   15
Caesar ab Italia volantem

remis adurgens, accipiter velut
mollis columbas aut leporem citus
venator in campis nivalis
Haemoniae, daret ut catenis   20

α = aBDEM] 11 nec β   12 nec β   XXXVII 5 antehanc (-hac δ²π²) β   10 opprobriorum *Bentley*

fatale monstrum; quae generosius
perire quaerens nec muliebriter
   expavit ensem nec latentis
      classe cita reparavit oras;

ausa et iacentem visere regiam   25
vultu sereno, fortis et asperas
   tractare serpentis, ut atrum
      corpore combiberet venenum,

deliberata morte ferocior,
saevis Liburnis scilicet invidens   30
   privata deduci superbo
      non humilis mulier triumpho.

XXXVIII

PERSICOS odi, puer, apparatus,
displicent nexae philyra coronae;
mitte sectari, rosa quo locorum
   sera moretur.

simplici myrto nihil allabores   5
sedulus curo: neque te ministrum
dedecet myrtus neque me sub arta
   vite bibentem.

  α = aBDEM]   24 properavit *Guaccius*: penetravit *Bentley*
XXXVIII 6 cura *Bentley*   7 subacta *E*

Q. HORATI FLACCI

CARMINVM

LIBER SECVNDVS

I

Motvm ex Metello consule civicum
bellique causas et vitia et modos
    ludumque Fortunae gravisque
        principum amicitias et arma

nondum expiatis uncta cruoribus,   **5**
periculosae plenum opus aleae,
    tractas, et incedis per ignis
        suppositos cineri doloso.

paulum severae Musa tragoediae
desit theatris : mox ubi publicas   **10**
    res ordinaris, grande munus
        Cecropio repetes cothurno,

insigne maestis praesidium reis
et consulenti, Pollio, curiae,
    cui laurus aeternos honores   **15**
        Delmatico peperit triumpho.

iam nunc minaci murmure cornuum
perstringis auris, iam litui strepunt,
    iam fulgor armorum fugaces
        terret equos equitumque vultus.   **20**

α=*aBDEM*] I 5 tincta *Bentley*   13 regis π¹

33

audire magnos iam videor duces
non indecoro pulvere sordidos,
    et cuncta terrarum subacta
      praeter atrocem animum Catonis.

Iuno et deorum quisquis amicior   25
Afris inulta cesserat impotens
    tellure victorum nepotes
      rettulit inferias Iugurthae.

quis non Latino sanguine pinguior
campus sepulcris impia proelia   30
    testatur auditumque Medis
      Hesperiae sonitum ruinae?

qui gurges aut quae flumina lugubris
ignara belli? quod mare Dauniae
    non decoloravere caedes?   35
      quae caret ora cruore nostro?

sed ne relictis, Musa procax, iocis
Ceae retractes munera neniae,
    mecum Dionaeo sub antro
      quaere modos leviore plectro.   40

II

NVLLVS argento color est avaris
abdito terris, inimice lamnae
Crispe Sallusti, nisi temperato
    splendeat usu.

vivet extento Proculeius aevo,   5
notus in fratres animi paterni;
illum aget penna metuente solvi
    Fama superstes.

    a = aBDEM] 33–36 *damnat Ritschl*   II 2 abditae *Lambinus*
5 vivit πφ¹   7 agit ß *Porph.*

latius regnes avidum domando
spiritum, quam si Libyam remotis   10
Gadibus iungas et uterque Poenus
    serviat uni.

crescit indulgens sibi dirus hydrops,
nec sitim pellit, nisi causa morbi
fugerit venis et aquosus albo   15
    corpore languor.

redditum Cyri solio Phraaten
dissidens plebi numero beatorum
eximit Virtus, populumque falsis
    dedocet uti   20

vocibus, regnum et diadema tutum
deferens uni propriamque laurum,
quisquis ingentis oculo irretorto
    spectat acervos.

III

AEQVAM memento rebus in arduis
servare mentem, non secus in bonis
    ab insolenti temperatam
        laetitia, moriture Delli,

seu maestus omni tempore vixeris,   5
seu te in remoto gramine per dies
    festos reclinatum bearis
        interiore nota Falerni.

quo pinus ingens albaque populus
umbram hospitalem consociare amant   10
    ramis? quid obliquo laborat
        lympha fugax trepidare rivo?

α = *aBDEM*]   14 pellas *Peerlkamp*   18 plebis *aD¹E¹Mπ*   III 4
Gelli *Cruquius ex V titulo*   9 qua *Caldenbach*   11 quid *Bβ et
cum ras. V* : quo *aD¹EM δ²φ²* : quod *D¹* : et *Caldenbach*

huc vina et unguenta et nimium brevis
flores amoenae ferre iube rosae,
    dum res et aetas et sororum   15
        fila trium patiuntur atra.

cedes coemptis saltibus et domo
villaque flavus quam Tiberis lavit;
    cedes, et exstructis in altum
        divitiis potietur heres.   20

divesne prisco natus ab Inacho
nil interest an pauper et infima
    de gente sub divo moreris,
        victima nil miserantis Orci.

omnes eodem cogimur, omnium   25
versatur urna serius ocius
    sors exitura et nos in aeternum
        exsilium impositura cumbae.

IV

NE sit ancillae tibi amor pudori,
Xanthia Phoceu, prius insolentem
serva Briseis niveo colore
    movit Achillem ;

movit Aiacem Telamone natum   5
forma captivae dominum Tecmessae ;
arsit Atrides medio in triumpho
    virgine rapta,

barbarae postquam cecidere turmae
Thessalo victore et ademptus Hector   10
tradidit fessis leviora tolli
    Pergama Grais.

α = aBDE (in 13–28 = aBDEM)]   18 lavat aB   23 sub dio a¹B
28 exitium (exil- δ²) β   IV 8 capta E¹

nescias an te generum beati
Phyllidis flavae decorent parentes:
regium certe genus et penatis   15
   maeret iniquos.

crede non illam tibi de scelesta
plebe delectam, neque sic fidelem,
sic lucro aversam potuisse nasci
   matre pudenda.   20

bracchia et vultum teretesque suras
integer laudo; fuge suspicari
cuius octavum trepidavit aetas
   claudere lustrum.

V

Nondvm subacta ferre iugum valet
cervice, nondum munia comparis
   aequare nec tauri ruentis
     in venerem tolerare pondus.

circa virentis est animus tuae   5
campos iuvencae, nunc fluviis gravem
   solantis aestum, nunc in udo
     ludere cum vitulis salicto

praegestientis. tolle cupidinem
immitis uvae: iam tibi lividos   10
   distinguet Autumnus racemos
     purpureo varius colore.

iam te sequetur: currit enim ferox
aetas et illi quos tibi dempserit
   apponet annos; iam proterva   15
     fronte petit Lalage maritum,

α=aBDE] 18 dilectam Bß   V 2 munia om. E   12 varios
Manuel y Faria   13 sequitur α   curret ß   16 petet ß

dilecta quantum non Pholoe fugax,
non Chloris albo sic umero nitens
  ut pura nocturno renidet
    luna mari, Cnidiusve Gyges,   20

quem si puellarum insereres choro,
mire sagaces falleret hospites
  discrimen obscurum solutis
    crinibus ambiguoque vultu.

VI

SEPTIMI, Gadis aditure mecum et
Cantabrum indoctum iuga ferre nostra et
barbaras Syrtis, ubi Maura semper
  aestuat unda,

Tibur Argeo positum colono   5
sit meae sedes utinam senectae,
sit modus lasso maris et viarum
  militiaeque!

unde si Parcae prohibent iniquae,
dulce pellitis ovibus Galaesi   10
flumen et regnata petam Laconi
  rura Phalantho.

ille terrarum mihi praeter omnis
angulus ridet, ubi non Hymetto
mella decedunt viridique certat   15
  baca Venafro,

ver ubi longum tepidasque praebet
Iuppiter brumas, et amicus Aulon
fertili Baccho minimum Falernis
  invidet uvis.   20

α = aBDE (in VI 7–20 = aBDEM)]   19 renitet $a^1\dot{v}^1\pi^2$ 20 Cnidius
δπ : Gnidius αρψ   gies ß   VI 7 domus *Peerlkamp*   18 amictus
N. Heinsius : apricus *Bentley ex Acr.*   19 fertilis φψ   nimium δφψ

ille te mecum locus et beatae
postulant arces; ibi tu calentem
debita sparges lacrima favillam
　　vatis amici.

VII

O SAEPE mecum tempus in ultimum
deducte Bruto militiae duce,
　　quis te redonavit Quiritem
　　　　dis patriis Italoque caelo,

Pompei, meorum prime sodalium?　　　　　　5
cum quo morantem saepe diem mero
　　fregi coronatus nitentis
　　　　malobathro Syrio capillos.

tecum Philippos et celerem fugam
sensi relicta non bene parmula,　　　　　　10
　　cum fracta virtus, et minaces
　　　　turpe solum tetigere mentò.

sed me per hostis Mercurius celer
denso paventem sustulit aere;
　　te rursus in bellum resorbens　　　　　15
　　　　unda fretis tulit aestuosis.

ergo obligatam redde Iovi dapem
longaque fessum militia latus
　　depone sub lauru mea, nec
　　　　parce cadis tibi destinatis.　　　　20

oblivioso levia Massico
ciboria exple; funde capacibus
　　unguenta de conchis.　quis udo
　　　　deproperare apio coronas

α=aBDEM] 24 'legitur et vatis Orati' Porph.　　VII 5 Pompei
Porph.: Pompi α: Pompili β　　7 coronatus αδ²: comptus β　　14
ab aere β　　19–28 om. B

curatve myrto? quem Venus arbitrum   25
dicet bibendi? non ego sanius
   bacchabor Edonis: recepto
      dulce mihi furere est amico.

VIII

VLLA si iuris tibi peierati
poena, Barine, nocuisset umquam,
dente si nigro fieres vel uno
   turpior ungui,

crederem. sed tu, simul obligasti   5
perfidum votis caput, enitescis
pulchrior multo iuvenumque prodis
   publica cura.

expedit matris cineres opertos
fallere et toto taciturna noctis   10
signa cum caelo gelidaque divos
   morte carentis.

ridet hoc, inquam, Venus ipsa, rident
simplices Nymphae, ferus et Cupido,
semper ardentis acuens sagittas   15
   cote cruenta.

adde quod pubes tibi crescit omnis,
servitus crescit nova, nec priores
impiae tectum dominae relinquunt,
   saepe minati.   20

te suis matres metuunt iuvencis,
te senes parci, miseraeque nuper
virgines nuptae, tua ne retardet
   aura maritos.

a=aBDEM]   27 edonis π : edoniis *cett.*   VIII 2 Barine &BD :
varine *aEM* : Barcine *Peerlkamp* : Larine *Bentley*   24 cura ς

IX

Non semper imbres nubibus hispidos
manant in agros aut mare Caspium
   vexant inaequales procellae
     usque, nec Armeniis in oris,

amice Valgi, stat glacies iners   5
mensis per omnis aut Aquilonibus
   querqueta Gargani laborant
     et foliis viduantur orni:

tu semper urges flebilibus modis
Mysten ademptum, nec tibi Vespero   10
   surgente decedunt amores
     nec rapidum fugiente solem.

at non ter aevo functus amabilem
ploravit omnis Antilochum senex
   annos, nec impubem parentes   15
     Troilon aut Phrygiae sorores

flevere semper. desine mollium
tandem querelarum, et potius nova
   cantemus Augusti tropaea
     Caesaris et rigidum Niphaten,   20

Medumque flumen gentibus additum
victis minores volvere vertices,
   intraque praescriptum Gelonos
     exiguis equitare campis.

X

Rectivs vives, Licini, neque altum
semper urgendo neque, dum procellas
cautus horrescis, nimium premendo
   litus iniquum.

a=aBDEM⌉ IX 10 vespere π   11 cedunt BD   22 tollere
ς Lactantius Placidus

auream quisquis mediocritatem 5
diligit, tutus caret obsoleti
sordibus tecti, caret invidenda
 sobrius aula.

saepius ventis agitatur ingens
pinus et celsae graviore casu 10
decidunt turres feriuntque summos
 fulgura montis.

sperat infestis, metuit secundis
alteram sortem bene praeparatum
pectus. informis hiemes reducit 15
 Iuppiter, idem

summovet. non, si male nunc, et olim
sic erit: quondam cithara tacentem
suscitat Musam neque semper arcum
 tendit Apollo. 20

rebus angustis animosus atque
fortis appare; sapienter idem
contrahes vento nimium secundo
 turgida vela.

XI

Qvid bellicosus Cantaber et Scythes,
Hirpine Quincti, cogitet Hadria
 divisus obiecto, remittas
  quaerere, nec trepides in usum

poscentis aevi pauca: fugit retro 5
levis iuventas et decor, arida
 pellente lascivos amores
  canitie facilemque somnum.

non semper idem floribus est honor
vernis, neque uno Luna rubens nitet 10
 vultu: quid aeternis minorem
  consiliis animum fatigas?

α = αBDEM] X 6 diligit tutus, caret *Bentley*   6 obsoletis (-eti *corr.* δπ) B   18 citharae B

cur non sub alta vel platano vel hac
pinu iacentes sic temere et rosa
 canos odorati capillos,   15
  dum licet, Assyriaque nardo

potamus uncti? dissipat Euhius
curas edaces. quis puer ocius
 restinguet ardentis Falerni
  pocula praetereunte lympha?   20

quis devium scortum eliciet domo
Lyden? eburna dic age cum lyra
 maturet in comptum Lacaenae
  more comas religata nodum.

XII

NOLIS longa ferae bella Numantiae
nec durum Hannibalem nec Siculum mare
Poeno purpureum sanguine mollibus
  aptari citharae modis,

nec saevos Lapithas et nimium mero   5
Hylaeum domitosque Herculea manu
Telluris iuvenes, unde periculum
  fulgens contremuit domus

Saturni veteris; tuque pedestribus
dices historiis proelia Caesaris,   10
Maecenas, melius ductaque per vias
  regum colla minacium.

me dulces dominae Musa Licymniae
cantus, me voluit dicere lucidum
fulgentis oculos et bene mutuis   15
  fidum pectus amoribus,

α=aBDEM]   XI 16 Assyrioque B   19 restringuet E   21
quis delitescentem *Slater Gow*   23-24 incomptum (in comptum B)
codd.   comam ß: comae B   incomptam . . . comam . . . nodo *Bentley*
XII 2 dirum *unus Cruquianorum*   12 minancium D

quam nec ferre pedem dedecuit choris
nec certare ioco nec dare bracchia
ludentem nitidis virginibus sacro
    Dianae celebris die.   20

num tu quae tenuit dives Achaemenes
aut pinguis Phrygiae Mygdonias opes
permutare velis crine Licymniae,
    plenas aut Arabum domos,

cum flagrantia detorquet ad oscula   25
cervicem aut facili saevitia negat,
quae poscente magis gaudeat eripi,
    interdum rapere occupet?

XIII

ILLE et nefasto te posuit die
quicumque primum, et sacrilega manu
  produxit, arbos, in nepotum
    perniciem opprobriumque pagi;

illum et parentis crediderim sui   5
fregisse cervicem et penetralia
  sparsisse nocturno cruore
    hospitis; ille venena Colcha

et quidquid usquam concipitur nefas
tractavit, agro qui statuit meo   10
  te triste lignum, te caducum
    in domini caput immerentis.

quid quisque vitet numquam homini satis
cautum est in horas: navita Bosphorum
  Poenus perhorrescit neque ultra   15
    caeca timet aliunde fata;

α = aBDEM] 25 dum ß   28 occupat δπ   XIII 5-XVI 19
om. δ   8 colchica ß   15 Thynus *Bentley* : Thoenus *Linker*   16
timetve *Lachmann*

miles sagittas et celerem fugam
Parthi, catenas Parthus et Italum
 robur; sed improvisa leti
  vis rapuit rapietque gentis.   20

quam paene furvae regna Proserpinae
et iudicantem vidimus Aeacum
 sedesque discriptas piorum et
  Aeoliis fidibus querentem

Sappho puellis de popularibus,   25
et te sonantem plenius aureo,
 Alcaee, plectro dura navis,
  dura fugae mala, dura belli!

utrumque sacro digna silentio
mirantur umbrae dicere; sed magis   30
 pugnas et exactos tyrannos
  densum umeris bibit aure vulgus.

quid mirum, ubi illis carminibus stupens
demittit atras belua centiceps
 auris et intorti capillis   35
  Eumenidum recreantur angues?

quin et Prometheus et Pelopis parens
dulci laborem decipitur sono,
 nec curat Orion leones
  aut timidos agitare lyncas.   40

XIV

EHEV fugaces, Postume, Postume,
labuntur anni nec pietas moram
 rugis et instanti senectae
  adferet indomitaeque morti:

α = αBDEM⌉ 23 discriptas αB: descriptas DEMπ¹: discretas ß
38 laborem ßα¹BD Porph.: laborum Vα²EM Acr.   somno φψ

non si trecenis quotquot eunt dies,   5
amice, places illacrimabilem
    Plutona tauris, qui ter amplum
      Geryonen Tityonque tristi

compescit unda, scilicet omnibus,
quicumque terrae munere vescimur,   10
    enaviganda, sive reges
      sive inopes erimus coloni.

frustra cruento Marte carebimus
fractisque rauci fluctibus Hadriae,
    frustra per autumnos nocentem   15
      corporibus metuemus Austrum:

visendus ater flumine languido
Cocytos errans et Danai genus
    infame damnatusque longi
      Sisyphus Aeolides laboris: 20

linquenda tellus et domus et placens
uxor, neque harum quas colis arborum
    te praeter invisas cupressos
      ulla brevem dominum sequetur:

absumet heres Caecuba dignior   25
servata centum clavibus et mero
    tinget pavimentum superbo,
      pontificum potiore cenis.

XV

IAM pauca aratro iugera regiae
moles relinquent, undique latius
    extenta visentur Lucrino
      stagna lacu, platanusque caelebs

α = aBDEM]   XIV 5 trecenis π²: tricenis cett.   14 raucis aπB 24 vita β   27 superbum Lambinus: superbus Barthius, puto recte XV cum XIV continuant VaBEM

evincet ulmos; tum violaria et   5
myrtus et omnis copia narium
   spargent olivetis odorem
     fertilibus domino priori;
tum spissa ramis laurea fervidos
excludet ictus. non ita Romuli   10
   praescriptum et intonsi Catonis
     auspiciis veterumque norma.
privatus illis census erat brevis,
commune magnum: nulla decempedis
   metata privatis opacam   15
     porticus excipiebat Arcton,
nec fortuitum spernere caespitem
leges sinebant, oppida publico
   sumptu iubentes et deorum
     templa novo decorare saxo.   20

XVI

OTIVM divos rogat in patenti
prensus Aegaeo, simul atra nubes
condidit lunam neque certa fulgent
   sidera nautis;
otium bello furiosa Thrace,   5
otium Medi pharetra decori,
Grosphe, non gemmis neque purpura venale neque auro.
non enim gazae neque consularis
summovet lictor miseros tumultus   10
mentis et curas laqueata circum
   tecta volantis.
vivitur parvo bene, cui paternum
splendet in mensa tenui salinum
nec levis somnos timor aut cupido   15
   sordidus aufert.

a = aBDEM] XVI 9 neque om. E   12 forma π   12–20 om. B
13 paterno φψπ¹

quid brevi fortes iaculamur aevo
multa? quid terras alio calentis
sole mutamus? patriae quis exsul
    se quoque fugit?   20
scandit aeratas vitiosa navis
Cura nec turmas equitum relinquit,
ocior cervis et agente nimbos
    ocior Euro.
laetus in praesens animus quod ultra est   25
oderit curare et amara lento
temperet risu; nihil est ab omni
    parte beatum.
abstulit clarum cita mors Achillem,
longa Tithonum minuit senectus,   30
et mihi forsan, tibi quod negarit,
    porriget hora.
te greges centum Siculaeque circum
mugiunt vaccae, tibi tollit hinnitum
apta quadrigis equa, te bis Afro   35
    murice tinctae
vestiunt lanae: mihi parva rura et
spiritum Graiae tenuem Camenae
Parca non mendax dedit et malignum
    spernere vulgus.   40

XVII

CVR me querelis exanimas tuis?
nec dis amicum est nec mihi te prius
    obire, Maecenas, mearum
        grande decus columenque rerum.
a! te meae si partem animae rapit   5
maturior vis, quid moror altera,
    nec carus aeque nec superstes
        integer? ille dies utramque

α = aBDEM] 31 forset (forsan ū²) β 40 voltus δ¹π¹ XVII 1
exagitas Victorinus

48

ducet ruinam.   non ego perfidum
dixi sacramentum : ibimus, ibimus,   10
   utcumque praecedes, supremum
     carpere iter comites parati.

me nec Chimaerae spiritus igneae
nec, si resurgat, centimanus Gyas
   divellet umquam : sic potenti   15
     Iustitiae placitumque Parcis.

seu Libra seu me Scorpios aspicit
formidulosus, pars violentior
   natalis horae, seu tyrannus
     Hesperiae Capricornus undae,   20

utrumque nostrum incredibili modo
consentit astrum : te Iovis impio
   tutela Saturno refulgens
     eripuit volucrisque Fati

tardavit alas, cum populus frequens   25
laetum theatris ter crepuit sonum :
   me truncus illapsus cerebro
     sustulerat, nisi Faunus ictum

dextra levasset, Mercurialium
custos virorum.   reddere victimas   30
   aedemque votivam memento :
     nos humilem feriemus agnam.

XVIII

Non ebur neque aureum
mea renidet in domo lacunar,
   non trabes Hymettiae
premunt columnas ultima recisas

α = aBDEM]   14 gigas *codd. corr. Lambinus*   19 l(o)etalis (natalis δ²) β   25 alas *om.* β   cum (tum *Mn²*) α : te (dum δ²) β : cui
Lachmann

c

Africa, neque Attali 5
ignotus heres regiam occupavi,
    nec Laconicas mihi
trahunt honestae purpuras clientae :
    at fides et ingeni
benigna vena est, pauperemque dives 10
    me petit : nihil supra
deos lacesso nec potentem amicum
    largiora flagito,
satis beatus unicis Sabinis.
    truditur dies die, 15
novaeque pergunt interire lunae :
    tu secanda marmora
locas sub ipsum funus et sepulcri
    immemor struis domos
marisque Bais obstrepentis urges 20
    summovere litora,
parum locuples continente ripa.
    quid quod usque proximos
revellis agri terminos et ultra
    limites clientium 25
salis avarus ? pellitur paternos
    in sinu ferens deos
et uxor et vir sordidosque natos.
    nulla certior tamen
rapacis Orci fine destinata 30
    aula divitem manet
erum. quid ultra tendis ? aequa tellus
    pauperi recluditur
regumque pueris, nec satelles Orci
    callidum Promethea 35
revexit auro captus. hic superbum

α=aBDEM] XVIII 8 clientae *VB*π² *Charisius* : clientiae α (*exc.*
B) : clientes ß *et sup. ras.* D   22-29 *om.* B   25 limitem δ¹π   30
sede ς *Seriius*   36 revix(·vinx- π¸it ß

50

Tantalum atque Tantali
genus coercet, hic levare functum
    pauperem laboribus
vocatus atque non vocatus audit.   40

XIX

BACCHVM in remotis carmina rupibus
vidi docentem—credite posteri—
    Nymphasque discentis et auris
        capripedum Satyrorum acutas.
Euhoe, recenti mens trepidat metu   5
plenoque Bacchi pectore turbidum
    laetatur: Euhoe, parce Liber,
        parce gravi metuende thyrso!
fas pervicaces est mihi Thyiadas
vinique fontem lactis et uberes   10
    cantare rivos atque truncis
        lapsa cavis iterare mella:
fas et beatae coniugis additum
stellis honorem tectaque Penthei
    disiecta non leni ruina   15
        Thracis et exitium Lycurgi.
tu flectis amnis, tu mare barbarum,
tu separatis uvidus in iugis
    nodo coerces viperino
        Bistonidum sine fraude crinis: 20
tu, cum parentis regna per arduum
cohors Gigantum scanderet impia,
    Rhoetum retorsisti leonis
        unguibus horribilique mala;
quamquam choreis aptior et iocis   25
ludoque dictus non sat idoneus
    pugnae ferebaris: sed idem
        pacis eras mediusque belli.

a=aBDEM] XIX 16 exitum aBE   23 leonum πφψ   24
horribilisque *Bochart* : horribilemque *Trendelenburg*

te vidit insons Cerberus aureo
cornu decorum leniter atterens   30
   caudam et recedentis trilingui
     ore pedes tetigitque crura.

XX

Non usitata nec tenui ferar
penna biformis per liquidum aethera
   vates, neque in terris morabor
     longius, invidiaque maior

urbis relinquam. non ego pauperum   5
sanguis parentum, non ego quem vocas,
   dilecte Maecenas, obibo
     nec Stygia cohibebor unda.

iam iam residunt cruribus asperae
pelles, et album mutor in alitem   10
   superne, nascunturque leves
     per digitos umerosque plumae.

iam Daedaleo notior Icaro
visam gementis litora Bosphori
   Syrtisque Gaetulas canorus   15
     ales Hyperboreosque campos.

me Colchus et qui dissimulat metum
Marsae cohortis Dacus et ultimi
   noscent Geloni, me peritus
     discet Hiber Rhodanique potor.   20

absint inani funere neniae
luctusque turpes et querimoniae;
   compesce clamorem ac sepulcri
     mitte supervacuos honores.

α = aBDEM] XX 1 visitata *Bergk Eckstein*   3 terra ß   6
quem vocas 'dilecte', Maecenas, *schol. cod. Paris.* 7975 : vocant
Bentley : votas (vetas *iam Bothe*) *Holder* : cui vocas *Bergk*   13
notior *aBDM* : ocior ßE : tutior *Bentley in ed. priore*

Q. HORATI FLACCI

CARMINVM

LIBER TERTIVS

I

ODI profanum vulgus et arceo ;
favete linguis : carmina non prius
    audita Musarum sacerdos
      virginibus puerisque canto.
regum timendorum in proprios greges,   5
reges in ipsos imperium est Iovis,
    clari Giganteo triumpho,
      cuncta supercilio moventis.
est ut viro vir latius ordinet
arbusta sulcis, hic generosior   10
    descendat in Campum petitor,
      moribus hic meliorque fama
contendat, illi turba clientium
sit maior : aequa lege Necessitas
    sortitur insignis et imos ;   15
      omne capax movet urna nomen.
destrictus ensis cui super impia
cervice pendet, non Siculae dapes
    dulcem elaborabunt saporem,
      non avium citharaeque cantus   20
somnum reducent : somnus agrestium
lenis virorum non humilis domos
    fastidit umbrosamque ripam,
      non Zephyris agitata Tempe.

α = aBDEM] I 6 est quis (i. e. ʀsTOVIS) π¹   9 est et E : esto ut
Bentley   17 districtus πφψ

desiderantem quod satis est neque   **25**
tumultuosum sollicitat mare
   nec saevus Arcturi cadentis
      impetus aut orientis Haedi,
non verberatae grandine vineae
fundusque mendax, arbore nunc aquas   **30**
   culpante, nunc torrentia agros
      sidera, nunc hiemes iniquas.
contracta pisces aequora sentiunt
iactis in altum molibus ; huc frequens
   caementa demittit redemptor   **35**
      cum famulis dominusque terrae
fastidiosus : sed Timor et Minae
scandunt eodem quo dominus, neque
   decedit aerata triremi et
      post equitem sedet atra Cura.   **40**
quodsi dolentem nec Phrygius lapis
nec purpurarum sidere clarior
   delenit usus nec Falerna
      vitis Achaemeniumque costum,
cur invidendis postibus et novo   **45**
sublime ritu moliar atrium ?
   cur valle permutem Sabina
      divitias operosiores ?

II

ANGVSTAM amice pauperiem pati
robustus acri militia puer
   condiscat et Parthos feroces
      vexet eques metuendus hasta
vitamque sub divo et trepidis agat   **5**
in rebus. illum ex moenibus hosticis
   matrona bellantis tyranni
      prospiciens et adulta virgo

α = aBDEM]   35 dimittit *DEM* : remittit δ¹   36 -que *om. E*
39 et δ¹(?)π¹(?), *om. cett.*   43 delenit *aBE*π¹ : delinit ß*DM*   falerna
ß*a* : falernae *BDEM*   II 1 amici ς *Acr.*

suspiret, eheu, ne rudis agminum
sponsus lacessat regius asperum   10
  tactu leonem, quem cruenta
    per medias rapit ira caedis.

dulce et decorum est pro patria mori:
mors et fugacem persequitur virum,
  nec parcit imbellis iuventae   15
    poplitibus timidove tergo.

Virtus repulsae nescia sordidae
intaminatis fulget honoribus,
  nec sumit aut ponit securis
    arbitrio popularis aurae.   20

Virtus, recludens immeritis mori
caelum, negata temptat iter via,
  coetusque vulgaris et udam
    spernit humum fugiente penna.

est et fideli tuta silentio   25
merces: vetabo, qui Cereris sacrum
  vulgarit arcanae, sub isdem
    sit trabibus fragilemque mecum

solvat phaselon: saepe Diespiter
neglectus incesto addidit integrum: 30
  raro antecedentem scelestum
    deseruit pede Poena claudo.

III

IVSTVM et tenacem propositi virum
non civium ardor prava iubentium,
  non vultus instantis tyranni
    mente quatit solida neque Auster,

9–17 α = *aBDEM* : 17–31 α = *aDEM* : 32 *sqq.* α = *aEM*] 14 prosequitur δ   16 -que β*E*   22 iter β : ire α δ²   27 vulgavit α
28 -ve *Bentley*   III *cum* II *continuant V*α *Porph.*

dux inquieti turbidus Hadriae, 5
nec fulminantis magna manus Iovis:
  si fractus illabatur orbis,
    impavidum ferient ruinae.
hac arte Pollux et vagus Hercules
enisus arces attigit igneas, 10
  quos inter Augustus recumbens
    purpureo bibit ore nectar.
hac te merentem, Bacche pater, tuae
vexere tigres indocili iugum
  collo trahentes; hac Quirinus 15
    Martis equis Acheronta fugit,
gratum elocuta consiliantibus
Iunone divis: ' Ilion, Ilion
  fatalis incestusque iudex
    et mulier peregrina vertit 20
in pulverem, ex quo destituit deos
mercede pacta Laomedon, mihi
  castaeque damnatum Minervae
    cum populo et duce fraudulento.
iam nec Lacaenae splendet adulterae 25
famosus hospes nec Priami domus
  periura pugnaces Achivos
    Hectoreis opibus refringit,
nostrisque ductum seditionibus
bellum resedit. protinus et gravis 30
  iras et invisum nepotem,
    Troica quem peperit sacerdos,
Marti redonabo; illum ego lucidas
inire sedes, ducere nectaris
  sucos et adscribi quietis 35
    ordinibus patiar deorum.

α = aEM] III 7 inlabetur a   10 innisus β   12 bibit βE:
bibet aM   17 *Hinc novi carminis initium quosdam fecisse testatur*
Porph.   23 damnatam *Glareanus*   34 ducere a¹ : discere *cett.*

dum longus inter saeviat Ilion
Romamque pontus, qualibet exsules
  in parte regnanto beati;
    dum Priami Paridisque busto   40
insultet armentum et catulos ferae
celent inultae, stet Capitolium
  fulgens triumphatisque possit
    Roma ferox dare iura Medis.
horrenda late nomen in ultimas   45
extendat oras, qua medius liquor
  secernit Europen ab Afro,
    qua tumidus rigat arva Nilus,
aurum irrepertum et sic melius situm,
cum terra celat, spernere fortior   50
  quam cogere humanos in usus
    omne sacrum rapiente dextra.
quicumque mundo terminus obstitit,
hunc tanget armis, visere gestiens,
  qua parte debacchentur ignes,   55
    qua nebulae pluviique rores.
sed bellicosis fata Quiritibus
hac lege dico, ne nimium pii
  rebusque fidentes avitae
    tecta velint reparare Troiae.   60
Troiae renascens alite lugubri
fortuna tristi clade iterabitur,
  ducente victrices catervas
    coniuge me Iovis et sorore.
ter si resurgat murus aeneus   65
auctore Phoebo, ter pereat meis
  excisus Argivis, ter uxor
    capta virum puerosque ploret.'

α = aEM]   37 saeviet *Peerlkamp*   54 tangat ς   66 structore
Bentley

non hoc iocosae conveniet lyrae:
quo, Musa, tendis? desine pervicax   70
referre sermones deorum et
    magna modis tenuare parvis.

IV

DESCENDE caelo et dic age tibia
regina longum Calliope melos,
    seu voce nunc mavis acuta,
        seu fidibus citharave Phoebi.

auditis an me ludit amabilis   5
insania? audire et videor pios
    errare per lucos, amoenae
        quos et aquae subeunt et aurae.

me fabulosae Vulture in Apulo
nutricis extra limen Apuliae   10
    ludo fatigatumque somno
        fronde nova puerum palumbes

texere, mirum quod foret omnibus,
quicumque celsae nidum Acherontiae
    saltusque Bantinos et arvum   15
        pingue tenent humilis Forenti,

ut tuto ab atris corpore viperis
dormirem et ursis, ut premerer sacra
    lauroque collataque myrto,
        non sine dis animosus infans.   20

vester, Camenae, vester in arduos
tollor Sabinos, seu mihi frigidum
    Praeneste seu Tibur supinum
        seu liquidae placuere Baiae.

α = *aEM* (IV 1-16, 21-24 α = *aBEM*)] IV 4 citharaque δ¹ Phoebi]
levi *Victorinus* 10 altricis δ limina Pulliae *aB* : limina Dauniae
Paldamus, fort. recte 16 ferenti β

vestris amicum fontibus et choris   25
non me Philippis versa acies retro,
  devota non exstinxit arbos,
    nec Sicula Palinurus unda.
utcumque mecum vos eritis, libens
insanientem navita Bosphorum   30
  temptabo et urentis harenas
    litoris Assyrii viator,
visam Britannos hospitibus feros
et laetum equino sanguine Concanum,
  visam pharetratos Gelonos   35
    et Scythicum inviolatus amnem.
vos Caesarem altum, militia simul
fessas cohortis abdidit oppidis,
  finire quaerentem labores
    Pierio recreatis antro.   40
vos lene consilium et datis et dato
gaudetis almae. scimus ut impios
  Titanas immanemque turbam
    fulmine sustulerit caduco,
qui terram inertem, qui mare temperat   45
ventosum, et urbes regnaque tristia
  divosque mortalisque turmas
    imperio regit unus aequo.
magnum illa terrorem intulerat Iovi
fidens iuventus horrida bracchiis   50
  fratresque tendentes opaco
    Pelion imposuisse Olympo.
sed quid Typhoeus et validus Mimas,
aut quid minaci Porphyrion statu,
  quid Rhoetus evulsisque truncis   55
    Enceladus iaculator audax

α = aBEM (39–52 α = aEM)]   31 arentis (urentis δ²) β   38 addidit Bφψ : redditis δπ : reddidit ς   43 turmam β   46 ventosum et orbem Klee   47 turbas EM

contra sonantem Palladis aegida
possent ruentes? hinc avidus stetit
    Vulcanus, hinc matrona Iuno et
        numquam umeris positurus arcum,   60

qui rore puro Castaliae lavit
crinis solutos, qui Lyciae tenet
    dumeta natalemque silvam,
        Delius et Patareus Apollo.

vis consili expers mole ruit sua: 65
vim temperatam di quoque provehunt
    in maius; idem odere viris
        omne nefas animo moventis.

testis mearum centimanus Gyas
sententiarum, notus et integrae   70
    temptator Orion Dianae,
        virginea domitus sagitta.

iniecta monstris Terra dolet suis
maeretque partus fulmine luridum
    missos ad Orcum; nec peredit   75
        impositam celer ignis Aetnen,

incontinentis nec Tityi iecur
reliquit ales, nequitiae additus
    custos; amatorem trecentae
        Perithoum cohibent catenae.   80

V

Caelo tonantem credidimus Iovem
regnare: praesens divus habebitur
    Augustus adiectis Britannis
        imperio gravibusque Persis.

a = aBEM]   66–68 om. B   69 gigas codd. corr. Lambinus   78
relinquit δ¹   80 Perithoum ex aδ   V 1 credimus β¹

milesne Crassi coniuge barbara   5
turpis maritus vixit et hostium—
    pro curia inversique mores !—
      consenuit socerorum in armis

sub rege Medo Marsus et Apulus,
anciliorum et nominis et togae   10
    oblitus aeternaeque Vestae,
      incolumi Iove et urbe Roma?

hoc caverat mens provida Reguli
dissentientis condicionibus
    foedis et exemplo trahentis   15
      perniciem veniens in aevum,

si non periret immiserabilis
captiva pubes. 'signa ego Punicis
    adfixa delubris et arma
      militibus sine caede' dixit   20

'derepta vidi; vidi ego civium
retorta tergo bracchia libero
    portasque non clausas et arva
      Marte coli populata nostro.

auro repensus scilicet acrior   25
miles redibit. flagitio additis
    damnum: neque amissos colores
      lana refert medicata fuco,

nec vera virtus, cum semel excidit,
curat reponi deterioribus.   30
    si pugnat extricata densis
      cerva plagis, erit ille fortis

α = *aBEM*] 10 et *om.* α   15 trahenti *Comm. Cruq.*, *puto recte*
17 perirent *Glareanus* : perires *Lachmann*   non miserabilis *Weidner*
21 derepta ς : direpta (direpte *E*) αβ   27 nec *EM falso*   31–34
om. B

qui perfidis se credidit hostibus,
et Marte Poenos proteret altero,
   qui lora restrictis lacertis   35
      sensit iners timuitque mortem.

hic, unde vitam sumeret inscius,
pacem duello miscuit. o pudor!
   o magna Carthago, probrosis
      altior Italiae ruinis!'   40

fertur pudicae coniugis osculum
parvosque natos ut capitis minor
   ab se removisse et virilem
      torvus humi posuisse vultum,

donec labantis consilio patres   45
firmaret auctor numquam alias dato,
   interque maerentis amicos
      egregius properaret exsul.

atqui sciebat quae sibi barbarus
tortor pararet; non aliter tamen   50
   dimovit obstantis propinquos
      et populum reditus morantem

quam si clientum longa negotia
diiudicata lite relinqueret,
   tendens Venafranos in agros   55
      aut Lacedaemonium Tarentum.

VI

DELICTA maiorum immeritus lues,
Romane, donec templa refeceris
   aedesque labentis deorum et
      foeda nigro simulacra fumo.

α = aBEM]   33 dedidit *Bentley*   *Post* 34 *fortius, post* 36 *levius,*
interpungit Vollmer   37 aptius δ   51 amicos ß   54 disiudicata ß

dis te minorem quod geris, imperas: 5
hinc omne principium, huc refer exitum:
  di multa neglecti dederunt
    Hesperiae mala luctuosae.
iam bis Monaeses et Pacori manus
non auspicatos contudit impetus   10
  nostros et adiecisse praedam
    torquibus exiguis renidet.
paene occupatam seditionibus
delevit urbem Dacus et Aethiops,
  hic classe formidatus, ille   15
    missilibus melior sagittis.
fecunda culpae saecula nuptias
primum inquinavere et genus et domos;
  hoc fonte derivata clades
    in patriam populumque fluxit.   20
motus doceri gaudet Ionicos
matura virgo et fingitur artibus
  iam nunc et incestos amores
    de tenero meditatur ungui;
mox iuniores quaerit adulteros   25
inter mariti vina, neque eligit
  cui donet impermissa raptim
    gaudia luminibus remotis,
sed iussa coram non sine conscio
surgit marito, seu vocat institor   30
  seu navis Hispanae magister,
    dedecorum pretiosus emptor.
non his iuventus orta parentibus
infecit aequor sanguine Punico,
  Pyrrhumque et ingentem cecidit   35
    Antiochum Hannibalemque dirum,

α = *aBEM*]   VI 9 Monaeses *lemma Porph.* : mones ses φ : non
esses ψ : mon(a)esis *cett.*   10 inauspicatos *aB*   contulit φψ   11
nostris *Priscian*   11–13 om. B   15–48 om. B   22 Romana *Lehrs*
artubus ß   27 intermissa α   32 imperiosus *Leopold*   36 durum φψ

sed rusticorum mascula militum
proles, Sabellis docta ligonibus
   versare glebas et severae
     matris ad arbitrium recisos   40
portare fustis, sol ubi montium
mutaret umbras et iuga demeret
   bobus fatigatis, amicum
     tempus agens abeunte curru.

damnosa quid non imminuit dies?   45
aetas parentum peior avis tulit
   nos nequiores, mox daturos
     progeniem vitiosiorem.

VII

QVID fles, Asterie, quem tibi candidi
primo restituent vere Favonii
   Thyna merce beatum,
     constantis iuvenem fide

Gygen? ille Notis actus ad Oricum   5
post insana Caprae sidera frigidas
   noctes non sine multis
     insomnis lacrimis agit.

atqui sollicitae nuntius hospitae,
suspirare Chloen et miseram tuis   10
   dicens ignibus uri,
     temptat mille vafer modis.

ut Proetum mulier perfida credulum
falsis impulerit criminibus nimis
   casto Bellerophontae   15
     maturare necem refert:

a = aBEM] VII 1 candida *Diomedes*   4 fide a^1(?)π^1(?) : fidei
cett. *Victorinus*

narrat paene datum Pelea Tartaro,
Magnessam Hippolyten dum fugit abstinens;
   et peccare docentis
     fallax historias monet.   20

frustra: nam scopulis surdior Icari
voces audit adhuc integer. at tibi
   ne vicinus Enipeus
     plus iusto placeat cave;

quamvis non alius flectere equum sciens   25
aeque conspicitur gramine Martio,
   nec quisquam citus aeque
     Tusco denatat alveo.

prima nocte domum claude neque in vias
sub cantu querulae despice tibiae,   30
   et te saepe vocanti
     duram difficilis mane.

VIII

Martiis caelebs quid agam Kalendis,
quid velint flores et acerra turis
plena miraris positusque carbo in
   caespite vivo,
docte sermones utriusque linguae?   5
voveram dulcis epulas et album
Libero caprum prope funeratus
   arboris ictu.

hic dies anno redeunte festus
corticem adstrictum pice dimovebit   10
amphorae fumum bibere institutae
   consule Tullo.

α = *aBEM*]   20 movet φψ   22 audit *om.* β   23 nec δπ   26
neque *a*[1]   30 cantum δπ   VIII 3 in *om.* aBδ[2]   5 sermones *a*[2]
Donatus: sermonis αβ

sume, Maecenas, cyathos amici
sospitis centum et vigiles lucernas
perfer in lucem: procul omnis esto   15
    clamor et ira.

mitte civilis super urbe curas:
occidit Daci Cotisonis agmen,
Medus infestus sibi luctuosis
    dissidet armis,   20

servit Hispanae vetus hostis orae
Cantaber sera domitus catena,
iam Scythae laxo meditantur arcu
    cedere campis.

neglegens ne qua populus laboret   25
parce privatus nimium cavere et
dona praesentis cape laetus horae ac
    linque severa.

IX

Donec gratus eram tibi
nec quisquam potior bracchia candidae
    cervici iuvenis dabat,
Persarum vigui rege beatior.
    'donec non alia magis   5
arsisti neque erat Lydia post Chloen,
    multi Lydia nominis
Romana vigui clarior Ilia.'
    me nunc Thraessa Chloe regit,
dulcis docta modos et citharae sciens,   10
    pro qua non metuam mori,
si parcent animae fata superstiti.

a = aBEM]   14 hospitis a¹δ   19 infestis sibi luctuosus *Bentley*
27 rape (spe π¹, cape π²) ß   ac a, *om. cett.* : et Ƨ   IX 5 aliam
δ²φ   9 riget (regit δ²) ß   regit Chloe *Peerlkamp*

'me torret face mutua
Thurini Calais filius Ornyti,
    pro quo bis patiar mori,   15
si parcent puero fata superstiti.'
    quid si prisca redit Venus
diductosque iugo cogit aeneo,
    si flava excutitur Chloe
reiectaeque patet ianua Lydiae?   20
    'quamquam sidere pulchrior
ille est, tu levior cortice et improbo
    iracundior Hadria,
tecum vivere amem, tecum obeam libens.

X

EXTREMVM Tanain si biberes, Lyce,
saevo nupta viro, me tamen asperas
porrectum ante foris obicere incolis
    plorares Aquilonibus.
audis quo strepitu ianua, quo nemus   5
inter pulchra satum tecta remugiat
ventis, et positas ut glaciet nives
    puro numine Iuppiter?
ingratam Veneri pone superbiam,
ne currente retro funis eat rota.   10
non te Penelopen difficilem procis
    Tyrrhenus genuit parens.
o quamvis neque te munera nec preces
nec tinctus viola pallor amantium
nec vir Pieria paelice saucius   15
    curvat, supplicibus tuis
parcas, nec rigida mollior aesculo
nec Mauris animum mitior anguibus.
non hoc semper erit liminis aut aquae
    caelestis patiens latus.   20

α=aBEM]   20 reiectaene *Burmann*   21 quamvis β   X 6 situm δ¹π²φψ   7 sentis *Bentley*   8 duro *Bentley*   18 animo *EMδ²π²*

XI

MERCVRI—nam te docilis magistro
movit Amphion lapides canendo—
tuque testudo resonare septem
    callida nervis,

nec loquax olim neque grata, nunc et   5
divitum mensis et amica templis,
dic modos, Lyde quibus obstinatas
    applicet auris,

quae velut latis equa trima campis
ludit exsultim metuitque tangi,   10
nuptiarum expers et adhuc protervo
    cruda marito.

tu potes tigris comitesque silvas
ducere et rivos celeris morari;
cessit immanis tibi blandienti   15
    ianitor aulae,

Cerberus, quamvis furiale centum
muniant angues caput eius atque
spiritus taeter saniesque manet
    ore trilingui.   20

quin et Ixion Tityosque vultu
risit invito, stetit urna paulum
sicca, dum grato Danai puellas
    carmine mulces.

audiat Lyde scelus atque notas   25
virginum poenas et inane lymphae
dolium fundo pereuntis imo,
    seraque fata,

---

   a = aBEM] XI 17–20 *damnat commentatorum pars maior*   18
exeatque *Bentley* : effluatque *Gesner*

quae manent culpas etiam sub Orco.
impiae—nam quid potuere maius?—   30
impiae sponsos potuere duro
   perdere ferro.

una de multis face nuptiali
digna periurum fuit in parentem
splendide mendax et in omne virgo   35
   nobilis aevum,

'surge,' quae dixit iuveni marito,
'surge, ne longus tibi somnus, unde
non times, detur; socerum et scelestas
   falle sorores,   40

quae velut nactae vitulos leaenae
singulos eheu lacerant: ego illis
mollior nec te feriam neque intra
   claustra tenebo.

me pater saevis oneret catenis,   45
quod viro clemens misero peperci:
me vel extremos Numidarum in agros
   classe releget.

i pedes quo te rapiunt et aurae,
dum favet nox et Venus, i secundo   50
omine et nostri memorem sepulcro
   scalpe querelam.'

XII

MISERARVM est neque amori dare ludum neque dulci
mala vino lavere, aut exanimari metuentis
   patruae verbera linguae.
tibi qualum Cytheree puer ales, tibi telas
operosaeque Minervae studium aufert, Neobule,   5
   Liparaei nitor Hebri,
simul unctos Tiberinis umeros lavit in undis,
eques ipso melior Bellerophonte, neque pugno
   neque segni pede victus:

a=aBEM]   30 om. E   30-31 = 31-30 in M   46 demens δ

catus idem per apertum fugientis agitato   10
grege cervos iaculari et celer arto latitantem
    fruticeto excipere aprum.

XIII

O FONS Bandusiae splendidior vitro
dulci digne mero non sine floribus,
    cras donaberis haedo,
        cui frons turgida cornibus

primis et venerem et proelia destinat;   5
frustra: nam gelidos inficiet tibi
    rubro sanguine rivos
        lascivi suboles gregis.

te flagrantis atrox hora Caniculae
nescit tangere, tu frigus amabile   10
    fessis vomere tauris
        praebes et pecori vago.

fies nobilium tu quoque fontium,
me dicente cavis impositam ilicem
    saxis, unde loquaces   15
        lymphae desiliunt tuae.

XIV

HERCVLIS ritu modo dictus, o plebs,
morte venalem petiisse laurum
Caesar Hispana repetit penatis
    victor ab ora.

unico gaudens mulier marito   5
prodeat iustis operata divis,
et soror clari ducis et decorae
    supplice vitta

α = aBEM] 11 et *om. B*δ¹   arto *V*ʙ : alto α   XIII 1 Blandu-
siae a*M Diomcdes*   candidior *Victorinus*   11 sub vomere ß   16
nymphae ß   XIV 6 divis ßEM : sacris *aB et pro var. lect.* πφ   7
cari ß

virginum matres iuvenumque nuper
sospitum. vos, o pueri et puellae   10
iam virum expertae, male ominatis
    parcite verbis.

hic dies vere mihi festus atras
eximet curas; ego nec tumultum
nec mori per vim metuam tenente   15
    Caesare terras.

i pete unguentum, puer, et coronas
et cadum Marsi memorem duelli,
Spartacum si qua potuit vagantem
    fallere testa.   20

dic et argutae properet Neaerae
murreum nodo cohibere crinem;
si per invisum mora ianitorem
    fiet, abito.

lenit albescens animos capillus   25
litium et rixae cupidos protervae;
non ego hoc ferrem calidus iuventa
    consule Planco.

XV

Vxor pauperis Ibyci,
tandem nequitiae fige modum tuae
    famosisque laboribus:
maturo propior desine funeri

    inter ludere virgines   5
et stellis nebulam spargere candidis.
    non, si quid Pholoen satis,
et te, Chlori, decet: filia rectius

---

a = aBEM] 10 puellae ac *Horkel*   11 iam] non *Bentley* expertes
Wakefield : expertaeque *Bergk*   ominatis *VEM* : nominatis *ßaB* :
inominatis *Bentley, haud scio an recte*   14 exiget *B* : exigit *var.*
lect. π *Priscian*   19 vagacem *Charisius*   XV 2 pone *EM* : sine
Victorinus

expugnat iuvenum domos,
pulso Thyias uti concita tympano.   10
 illam cogit amor Nothi
lascivae similem ludere capreae :

 te lanae prope nobilem
tonsae Luceriam, non citharae decent
 nec flos purpureus rosae   15
nec poti vetulam faece tenus cadi.

XVI

INCLVSAM Danaen turris aenea
robustaeque fores et vigilum canum
tristes excubiae munierant satis
 nocturnis ab adulteris,

si non Acrisium virginis abditae   5
custodem pavidum Iuppiter et Venus
risissent : fore enim tutum iter et patens
 converso in pretium deo.

aurum per medios ire satellites
et perrumpere amat saxa potentius   10
ictu fulmineo : concidit auguris
 Argivi domus ob lucrum

demersa exitio : diffidit urbium
portas vir Macedo et subruit aemulos
reges muneribus ; munera navium   15
 saevos illaqueant duces.

crescentem sequitur cura pecuniam
maiorumque fames. iure perhorrui
late conspicuum tollere verticem,
 Maecenas, equitum decus.   20

---

a = *aBEM*] 16 vetulam ς *Porph.* : vetula *aß Porph.*   XVI 4
nocturnis adulteriis φψ   13 dimersa δπ

quanto quisque sibi plura negaverit,
ab dis plura feret : nil cupientium
nudus castra peto et transfuga divitum
    partis linquere gestio,

contemptae dominus splendidior rei   25
quam si quidquid arat impiger Apulus
occultare meis dicerer horreis,
    magnas inter opes inops.

purae rivus aquae silvaque iugerum
paucorum et segetis certa fides meae   30
fulgentem imperio fertilis Africae
    fallit sorte beatior.

quamquam nec Calabrae mella ferunt apes
nec Laestrygonia Bacchus in amphora
languescit mihi nec pinguia Gallicis   35
    crescunt vellera pascuis,

importuna tamen pauperies abest
nec, si plura velim, tu dare deneges.
contracto melius parva cupidine
    vectigalia porrigam,   40

quam si Mygdoniis regnum Alyattei
campis continuem. multa petentibus
desunt multa : bene est, cui deus obtulit
    parca quod satis est manu.

XVII

AELI vetusto nobilis ab Lamo,—
quando et priores hinc Lamias ferunt
   denominatos et nepotum
     per memores genus omne fastus,

a = aBEM] 29-44 om. B   41 Alyattei *Faber* : aliat(t)hii ß :
halyatyi a : halyattici EM   XVII 4 fastus ß : fastos a, cf. iv. 14. 4

auctore ab illo ducis originem,　　　　　　　　5
qui Formiarum moenia dicitur
　　princeps et innantem Maricae
　　　litoribus tenuisse Lirim
late tyrannus:—cras foliis nemus
multis et alga litus inutili　　　　　　　　　10
　　demissa tempestas ab Euro
　　　sternet, aquae nisi fallit augur
annosa cornix. dum potes, aridum
compone lignum: cras Genium mero
　　curabis et porco bimestri　　　　　　　　15
　　　cum famulis operum solutis.

XVIII

Favne, Nympharum fugientum amator,
per meos finis et aprica rura
　　lenis incedas abeasque parvis
　　　aequus alumnis,
si tener pleno cadit haedus anno,　　　　　　5
larga nec desunt Veneris sodali
　　vina craterae, vetus ara multo
　　　fumat odore.
ludit herboso pecus omne campo,
cum tibi Nonae redeunt Decembres;　　　　10
festus in pratis vacat otioso
　　cum bove pagus;
inter audaces lupus errat agnos;
spargit agrestis tibi silva frondis;
gaudet invisam pepulisse fossor　　　　　　15
　　ter pede terram.

XIX

Qvantvm distet ab Inacho
Codrus pro patria non timidus mori,

α=aBEM]　5 ducit D. Heinsius　　　13 potes απ¹: potis ß
XVIII 7 creterrae ß　12 pagus α et var. lect. δ: pardus (pagus δ¹) ß
XIX 1 distat δ¹ Victorinus　　2 non timidus pro patria ß

narras et genus Aeaci
et pugnata sacro bella sub Ilio:
quo Chium pretio cadum   5
mercemur, quis aquam temperet ignibus
quo praebente domum et quota
Paelignis caream frigoribus, taces.
da lunae propere novae,
da noctis mediae, da, puer, auguris·   10
Murenae: tribus aut novem
miscentur cyathis pocula commodis.
qui Musas amat imparis,
ternos ter cyathos attonitus petet
vates; tris prohibet supra   15
rixarum metuens tangere Gratia
nudis iuncta sororibus.
insanire iuvat: cur Berecyntiae
cessant flamina tibiae?
cur pendet tacita fistula cum lyra?   20
parcentis ego dexteras
odi: sparge rosas: audiat invidus
dementem strepitum Lycus
et vicina seni non habilis Lyco.
spissa te nitidum coma,   25
puro te similem, Telephe, Vespero,
tempestiva petit Rhode:
me lentus Glycerae torret amor meae.

XX

Non vides quanto moveas periclo,
Pyrrhe, Gaetulae catulos leaenae?
dura post paulo fugies inaudax
proelia raptor,

α=aBEM]   4 sacra π¹   11 munere (murere δ¹) ß   12 mis-
centor *Rutgers*   14 ter] aut E¹   attonitus cyathos ß   24 habili
V   27 chloe ß   XX 1 tumultu π   3 paulum ß

cum per obstantis iuvenum catervas   5
ibit insignem repetens Nearchum,
grande certamen, tibi praeda cedat
    maior an illi.

interim, dum tu celeris sagittas
promis, haec dentis acuit timendos,   10
arbiter pugnae posuisse nudo
    sub pede palmam

fertur et leni recreare vento
sparsum odoratis umerum capillis,
qualis aut Nireus fuit aut aquosa   15
    raptus ab Ida.

XXI

O NATA mecum consule Manlio,
seu tu querelas sive geris iocos
    seu rixam et insanos amores
        seu facilem, pia testa, somnum,

quocumque lectum nomine Massicum   5
servas, moveri digna bono die,
    descende, Corvino iubente
        promere languidiora vina.

non ille, quamquam Socraticis madet
sermonibus, te negleget horridus :   10
    narratur et prisci Catonis
        saepe mero caluisse virtus.

tu lene tormentum ingenio admoves
plerumque duro ; tu sapientium
    curas et arcanum iocoso   15
        consilium retegis Lyaeo ;

α = *aBEM*]   XX 8 illa *Peerlkamp*   14 odoratum *E*δ¹(?)   15
Nireus *Porph. Acr.* : Nereus αβ   XXI 4 tecta *E*   6–8 *om. B*
13 ammoves (-is *a*) α : amoves *a*²φ³

tu spem reducis mentibus anxiis,
virisque et addis cornua pauperi
   post te neque iratos trementi
     regum apices neque militum arma.   20

te Liber et, si laeta aderit, Venus
segnesque nodum solvere Gratiae
   vivaeque producent lucernae,
     dum rediens fugat astra Phoebus.

XXII

MONTIVM custos nemorumque, Virgo,
quae laborantis utero puellas
   ter vocata audis adimisque leto,
     diva triformis,

imminens villae tua pinus esto,   5
quam per exactos ego laetus annos
   verris obliquum meditantis ictum
     sanguine donem.

XXIII

CAELO supinas si tuleris manus
nascente Luna, rustica Phidyle,
   si ture placaris et horna
     fruge Lares avidaque porca,

nec pestilentem sentiet Africum   5
fecunda vitis nec sterilem seges
   robiginem aut dulces alumni
     pomifero grave tempus anno.

nam quae nivali pascitur Algido
devota quercus inter et ilices   10
   aut crescit Albanis in herbis
     victima pontificum securis

α = aBEM]   XXIII 2 Phidyli *Bentley*   9 alcido ß   12 secures
(securim δπ²) αß   12-20 *om.* B

cervice tinget : te nihil attinet
temptare multa caede bidentium
    parvos coronantem marino   15
      rore deos fragilique myrto.

immunis aram si tetigit manus,
non sumptuosa blandior hostia
    mollivit aversos Penatis
      farre pio et saliente mica.   20

XXIV

INTACTIS opulentior
thesauris Arabum et divitis Indiae
    caementis licet occupes
Tyrrhenum omne tuis et mare Apulicum,
    si figit adamantinos   5
summis verticibus dira Necessitas
    clavos, non animum metu,
non mortis laqueis expedies caput.
    campestres melius Scythae,
quorum plaustra vagas rite trahunt domos,   10
    vivunt et rigidi Getae,
immetata quibus iugera liberas
    fruges et Cererem ferunt,
nec cultura placet longior annua,
    defunctumque laboribus   15
aequali recreat sorte vicarius.
    illic matre carentibus
privignis mulier temperat innocens,
    nec dotata regit virum
coniunx nec nitido fidit adultero.   20
    dos est magna parentium
virtus et metuens alterius viri

α = aBEM] 19 mollivit aɪ² : mollibit ßa¹   XXIV 4 terrenum
Lachmann (*ita fort. Porph.*)   Apulicum ßE : publicum VMɪ¹ : Ponti-
cum aB : Daunium *Heimsoeth, cf.* iii. 4. 10   22 *om.* B

certo foedere castitas ;
et peccare nefas aut pretium est mori.
    o quisquis volet impias   25
caedis et rabiem tollere civicam,
    si quaeret PATER VRBIVM
subscribi statuis, indomitam audeat
    refrenare licentiam,
clarus postgenitis : quatenus—heu nefas !—   30
    virtutem incolumem odimus,
sublatam ex oculis quaerimus invidi.
    quid tristes querimoniae,
si non supplicio culpa reciditur,
    quid leges sine moribus   35
vanae proficiunt, si neque fervidis
    pars inclusa caloribus
mundi nec Boreae finitimum latus
    durataeque solo nives
mercatorem abigunt, horrida callidi   40
    vincunt aequora navitae,
magnum pauperies opprobrium iubet
    quidvis et facere et pati
virtutisque viam deserit arduae?
    vel nos in Capitolium,   45
quo clamor vocat et turba faventium,
    vel nos in mare proximum
gemmas et lapides, aurum et inutile,
    summi materiem mali,
mittamus, scelerum si bene paenitet.   50
    eradenda cupidinis
pravi sunt elementa et tenerae nimis
    mentes asperioribus
formandae studiis. nescit equo rudis

a=aBEM]   25 *Hinc novi carminis initium quosdam fecisse testatur* Porph.   26 aut ß   27 quaerit ß   30–64 *om.* B   44 deserere Bentley   51–IV. xv. 32 *desunt in* M

        haerere ingenuus puer   55
venarique timet, ludere doctior
      seu Graeco iubeas trocho
seu malis vetita legibus alea,
      cum periura patris fides
consortem socium fallat et hospites,   60
      indignoque pecuniam
heredi properet. scilicet improbae
      crescunt divitiae ; tamen
curtae nescio quid semper abest rei.

XXV

      Qvo me, Bacche, rapis tui
plenum ? quae nemora aut quos agor in specus
      velox mente nova ? quibus
antris egregii Caesaris audiar
      aeternum meditans decus   5
stellis inserere et consilio Iovis ?
      dicam insigne recens adhuc
indictum ore alio. non secus in iugis
      exsomnis stupet Euhias
Hebrum prospiciens et nive candidam   10
      Thracen ac pede barbaro
lustratam Rhodopen, ut mihi devio
      ripas et vacuum nemus
mirari libet. o Naiadum potens
      Baccharumque valentium   15
proceras manibus vertere fraxinos,
      nil parvum aut humili modo,
nil mortale loquar. dulce periculum est,
      o Lenaee, sequi deum
cingentem viridi tempora pampino.   20

α=*aBE*] 60 hospitem πφψ   XXV 1 trahis *Victorinus*   6
concilio (cons- δ²) β   8–9 *om. B*   9 Edonis *Bentley*   13 rupes
Muretus   16 fraxinus (-os δ²) β   18 loquor π¹ ς

XXVI

VIXI puellis nuper idoneus
et militavi non sine gloria;
    nunc arma defunctumque bello
      barbiton hic paries habebit,

laevum marinae qui Veneris latus   5
custodit. hic, hic ponite lucida
    funalia et vectis et arcus
      oppositis foribus minaces.

o quae beatam diva tenes Cyprum et
Memphin carentem Sithonia nive,   10
    regina, sublimi flagello
      tange Chloen semel arrogantem.

XXVII

IMPIOS parrae recinentis omen
ducat et praegnas canis aut ab agro
rava decurrens lupa Lanuvino
    fetaque vulpes:

rumpat et serpens iter institutum   5
si per obliquum similis sagittae
terruit mannos: ego cui timebo
    providus auspex,

antequam stantis repetat paludes
imbrium divina avis imminentum,   10
oscinem corvum prece suscitabo
    solis ab ortu.

sis licet felix ubicumque mavis,
et memor nostri, Galatea, vivas,
teque nec laevus vetet ire picus   15
    nec vaga cornix.

ᴬ = aBE in XXVI, = aBC in XXVII]   XXVI 1 duellis *Franke*
9 tenes] regis δπ¹   XXVII 4 festa δ²π   5 rumpat a *et pro var.
lect.* δ²φψ: rumpit β   7 quid δ¹π *et pro var. lect.* φψ   10 immi-
nentium a   15 vetat C¹: petet B

sed vides quanto trepidet tumultu
pronus Orion. ego quid sit ater
Hadriae novi sinus et quid albus
    peccet Iapyx.   20
hostium uxores puerique caecos
sentiant motus orientis Austri et
aequoris nigri fremitum et trementis
    verbere ripas.
sic et Europe niveum doloso   25
credidit tauro latus et scatentem
beluis pontum mediasque fraudes
    palluit audax.
nuper in pratis studiosa florum et
debitae Nymphis opifex coronae,   30
nocte sublustri nihil astra praeter
    vidit et undas.
quae simul centum tetigit potentem
oppidis Creten, 'pater, o relictum
filiae nomen, pietasque' dixit   35
    'victa furore!
unde quo veni? levis una mors est
virginum culpae. vigilansne ploro
turpe commissum, an vitiis carentem
    ludit imago   40
vana, quae porta fugiens eburna
somnium ducit? meliusne fluctus
ire per longos fuit, an recentis
    carpere flores?
si quis infamem mihi nunc iuvencum   45
dedat iratae, lacerare ferro et
frangere enitar modo multum amati
    cornua monstri.

a = aBC]   21 noctium C¹   34 ore lectum B   38 virginis ⌠
culpa πφψ   48 monstri aδ¹π¹ : tauri ß

impudens liqui patrios Penatis,
impudens Orcum moror. o deorum   50
si quis haec audis, utinam inter errem
    nuda leones !
antequam turpis macies decentis
occupet malas teneraeque sucus
defluat praedae, speciosa quaero   55
    pascere tigris.
"vilis Europe," pater urget absens :
"quid mori cessas? potes hac ab orno
pendulum zona bene te secuta
    laedere collum.   60
sive te rupes et acuta leto
saxa delectant, age te procellae
crede veloci, nisi erile mavis
    carpere pensum
regius sanguis, dominaeque tradi   65
barbarae paelex."' aderat querenti
perfidum ridens Venus et remisso
    filius arcu.
mox, ubi lusit satis : 'abstineto'
dixit 'irarum calidaeque rixae,   70
cum tibi invisus laceranda reddet
    cornua taurus.
uxor invicti Iovis esse nescis :
mitte singultus, bene ferre magnam
disce fortunam ; tua sectus orbis   75
    nomina ducet.'

XXVIII

Festo quid potius die
Neptuni faciam? prome reconditum,

---

a = aBC] 55 defluit a   60 elidere ⌐   66 pellax C²   69
luxit B¹ 71 invisus aδ² : visus ß   reddet ßa² : reddit a

Lyde, strenua Caecubum
munitaeque adhibe vim sapientiae.
    inclinare meridiem   5
sentis ac, veluti stet volucris dies,
    parcis deripere horreo
cessantem Bibuli consulis amphoram.
    nos cantabimus invicem
Neptunum et viridis Nereidum comas;   10
    tu curva recines lyra
Latonam et celeris spicula Cynthiae,
    summo carmine, quae Cnidon
fulgentisque tenet Cycladas et Paphum
    iunctis visit oloribus;   15
dicetur merita Nox quoque nenia.

XXIX

TYRRHENA regum progenies, tibi
non ante verso lene merum cado
    cum flore, Maecenas, rosarum et
        pressa tuis balanus capillis

iamdudum apud me est. eripe te morae,   5
nec semper udum Tibur et Aefulae
    declive contempleris arvum et
        Telegoni iuga parricidae.

fastidiosam desere copiam et
molem propinquam nubibus arduis;   10
    omitte mirari beatae
        fumum et opes strepitumque Romae.

plerumque gratae divitibus vices
mundaeque parvo sub lare pauperum
    cenae sine aulaeis et ostro   15
        sollicitam explicuere frontem.

a = aBC] XXVIII 6 et a 7 diripere C²π¹ 9 in vices ß 11
tum *Lachmann* 13 Gnidon aδ XXIX 2 versum a 6 ne ß
8 iura (iuga a²) σ

iam clarus occultum Andromedae pater
ostendit ignem, iam Procyon furit
   et stella vesani Leonis,
      sole dies referente siccos: 20

iam pastor umbras cum grege languido
rivumque fessus quaerit et horridi
   dumeta Silvani, caretque
      ripa vagis taciturna ventis.

tu civitatem quis deceat status   25
curas et Vrbi sollicitus times
   quid Seres et regnata Cyro
      Bactra parent Tanaisque discors.

prudens futuri temporis exitum
caliginosa nocte premit deus,   30
   ridetque si mortalis ultra
      fas trepidat. quod adest memento

componere aequus; cetera fluminis
ritu feruntur, nunc medio alveo
   cum pace delabentis Etruscum   35
      in mare, nunc lapides adesos

stirpesque raptas et pecus et domos
volventis una non sine montium
   clamore vicinaeque silvae,
      cum fera diluvies quietos   40

irritat amnis. ille potens sui
laetusque deget, cui licet in diem
   dixisse 'vixi: cras vel atra
      nube polum Pater occupato

vel sole puro; non tamen irritum,   45
quodcumque retro est, efficiet neque
   diffinget infectumque reddet,
      quod fugiens semel hora vexit.'

α = *aBC*]   29 exitium *C*   34 referuntur *a*   aequore β

Fortuna saevo laeta negotio et
ludum insolentem ludere pertinax   50
   transmutat incertos honores,
      nunc mihi, nunc alii benigna.

laudo manentem; si celeris quatit
pennas, resigno quae dedit et mea
   virtute me involvo probamque   55
      pauperiem sine dote quaero.

non est meum, si mugiat Africis
malus procellis, ad miseras preces
   decurrere et votis pacisci
      ne Cypriae Tyriaeque merces   60

addant avaro divitias mari.
tunc me biremis praesidio scaphae
   tutum per Aegaeos tumultus
      aura feret geminusque Pollux.

XXX

Exegi monumentum aere perennius
regalique situ pyramidum altius,
quod non imber edax, non Aquilo impotens
possit diruere aut innumerabilis
annorum series et fuga temporum.   5
non omnis moriar, multaque pars mei
vitabit Libitinam: usque ego postera
crescam laude recens, dum Capitolium
scandet cum tacita virgine pontifex.
dicar, qua violens obstrepit Aufidus   10
et qua pauper aquae Daunus agrestium
regnavit populorum, ex humili potens
princeps Aeolium carmen ad Italos
deduxisse modos. sume superbiam
quaesitam meritis et mihi Delphica   15
lauro cinge volens, Melpomene, comam.

α = aBC]   57 africus αδ¹   60 Cypriae Syriaeque δ   62 tum β
XXX 11 danus ϖ   12 regnator δϖ

Q. HORATI FLACCI

CARMINVM

LIBER QVARTVS

I

INTERMISSA, Venus, diu
rursus bella moves? parce precor, precor.
    non sum qualis eram bonae
sub regno Cinarae. desine, dulcium
    mater saeva Cupidinum,   5
circa lustra decem flectere mollibus
    iam durum imperiis: abi
quo blandae iuvenum te revocant preces.
    tempestivius in domum
Pauli purpureis ales oloribus   10
    comissabere Maximi,
si torrere iecur quaeris idoneum:
    namque et nobilis et decens
et pro sollicitis non tacitus reis
    et centum puer artium   15
late signa feret militiae tuae,
    et, quandoque potentior
largi muneribus riserit aemuli,
    Albanos prope te lacus
ponet marmoream sub trabe citrea.   20

α = aBC] I 4 cin(cyn)ir(yr)ae β¹   7 dudum ψ²   9 domo α·²
11 comitabere β   18 largi αδ²: largis β   20 citrea απ¹: cyprea β

    illic plurima naribus
duces tura, lyraeque et Berecyntiae
    delectabere tibiae
mixtis carminibus non sine fistula;
    illic bis pueri die   25
numen cum teneris virginibus tuum
    laudantes pede candido
in morem Salium ter quatient humum.
    me nec femina nec puer
iam nec spes animi credula mutui   30
    nec certare iuvat mero
nec vincire novis tempora floribus.
    sed cur heu, Ligurine, cur
manat rara meas lacrima per genas?
    cur facunda parum decoro   35
inter verba cadit lingua silentio?
    nocturnis ego somniis
iam captum teneo, iam volucrem sequor
    te per gramina Martii
campi, te per aquas, dure, volubilis.   40

II

Pindarvm quisquis studet aemulari,
Iule, ceratis ope Daedalea
nititur pennis vitreo daturus
    nomina ponto.

monte decurrens velut amnis, imbres   5
quem super notas aluere ripas,
fervet immensusque ruit profundo
    Pindarus ore,

α = aBC]   22 lyraque et Berecyntia . . . tibia *V*   28 quatient
C[1]π: quatiunt *C*[2] *cett.*   37 ego α: ego te (te *post* somniis π[1]) β: te
ego *lemma in uno Porph. cod.*   II 2 Iulle β: ille *Peerlkamp*   6
cum . . . saluere (aluere δ[2]) β   7 fervit αB

laurea donandus Apollinari,
seu per audaces nova dithyrambos   10
verba devolvit numerisque fertur
    lege solutis,

seu deos regesque canit, deorum
sanguinem, per quos cecidere iusta
morte Centauri, cecidit tremendae   15
    flamma Chimaerae,

sive quos Elea domum reducit
palma caelestis pugilemve equumve
dicit et centum potiore signis
    munere donat,   20

flebili sponsae iuvenemve raptum
plorat et viris animumque moresque
aureos educit in astra nigroque
    invidet Orco.

multa Dircaeum levat aura cycnum,   25
tendit, Antoni, quotiens in altos
nubium tractus: ego apis Matinae
    more modoque

grata carpentis thyma per laborem
plurimum circa nemus uvidique   30
Tiburis ripas operosa parvus
    carmina fingo.

concines maiore poeta plectro
Caesarem, quandoque trahet feroces
per sacrum clivum merita decorus   35
    fronde Sygambros,

quo nihil maius meliusve terris
fata donavere bonique divi
nec dabunt, quamvis redeant in aurum
    tempora priscum.   40

α = aBC]   13 regesve δπ   14 sanguine αδ²: *fort.* sanguen et
23 reducit α   27 avis α¹   33 poeta (*l* poema) δπ

concines laetosque dies et Vrbis
publicum ludum super impetrato
fortis Augusti reditu forumque
    litibus orbum.

tum meae, si quid loquar audiendum,   45
vocis accedet bona pars, et, 'o Sol
pulcher! o laudande!' canam, recepto
    Caesare felix.

terque, dum procedis, io Triumphe,
non semel dicemus, io Triumphe,   50
civitas omnis, dabimusque divis
    tura benignis.

te decem tauri totidemque vaccae,
me tener solvet vitulus, relicta
matre qui largis iuvenescit herbis   55
    in mea vota,

fronte curvatos imitatus ignis
tertium lunae referentis ortum,
qua notam duxit, niveus videri,
    cetera fulvus.   60

III

    Qvem tu, Melpomene, semel
nascentem placido lumine videris,
    illum non labor Isthmius
clarabit pugilem, non equus impiger
    curru ducet Achaico   5
victorem, neque res bellica Deliis
    ornatum foliis ducem,
quod regum tumidas contuderit minas,

a = aBC (in III = aC)]   45 loquor δ   49 terque *Pauly, cf. Slater*
C. R. 23. 252 : teque *codd.* : tuque ς : ioque *Gow*   procedit *BC*[1]
50 *om.* a¹πφ¹   54 solvit πφψ   58 orbem δπ *et pro var. lect.* φ
III 5 lucet *C*[1]

ostendet Capitolio :
sed quae Tibur aquae fertile praefluunt   10
    et spissae nemorum comae
fingent Aeolio carmine nobilem.

     Romae principis urbium
dignatur suboles inter amabilis
    vatum ponere me choros,   15
et iam dente minus mordeor invido.

     o, testudinis aureae
dulcem quae strepitum, Pieri, temperas,
    o mutis quoque piscibus
donatura cycni, si libeat, sonum,   20

     totum muneris hoc tui est,
quod monstror digito praetereuntium
     Romanae fidicen lyrae :
quod spiro et placeo, si placeo, tuum est.

IV

QVALEM ministrum fulminis alitem,
cui rex deorum regnum in avis vagas
    permisit expertus fidelem
     Iuppiter in Ganymede flavo,

olim iuventas et patrius vigor   5
nido laborum protulit inscium,
    vernique iam nimbis remotis
     insolitos docuere nisus

venti paventem, mox in ovilia
demisit hostem vividus impetus,   10
    nunc in reluctantis dracones
     egit amor dapis atque pugnae,

a = aBC (in III = aC)]   10 qua a¹   praefluent $\pi^1\phi\psi^2$ 22-23
post praetereuntium, non post lyrae, interpunxit Duentzer, fort. recte
IV 6 propulit δπ   7 vernique aδ²: vernisque BC²

qualemve laetis caprea pascuis
intenta fulvae matris ab ubere
   iam lacte depulsum leonem   15
     dente novo peritura vidit,
videre Raeti bella sub Alpibus
Drusum gerentem Vindelici—quibus
   mos unde deductus per omne
     tempus Amazonia securi   20
dextras obarmet, quaerere distuli,
nec scire fas est omnia—sed diu
   lateque victrices catervae
     consiliis iuvenis revictae
sensere, quid mens rite, quid indoles   25
nutrita faustis sub penetralibus
   posset, quid Augusti paternus
     in pueros animus Nerones.
fortes creantur fortibus et bonis;
est in iuvencis, est in equis patruin   30
   virtus, neque imbellem feroces
     progenerant aquilae columbam;
doctrina sed vim promovet insitam,
rectique cultus pectora roborant;
   utcumque defecere mores,   35
     indecorant bene nata culpae.
quid debeas, o Roma, Neronibus,
testis Metaurum flumen et Hasdrubal
   devictus et pulcher fugatis
     ille dies Latio tenebris,   40
qui primus alma risit adorea,
dirus per urbis Afer ut Italas
   ceu flamma per taedas vel Eurus
     per Siculas equitavit undas.

α=aBC] 17 Raetis ς   22 nescire BC¹   31 nec B   36
dedecorant a *schol. Iuv.*   41 arma (alma π²) B   43 vel α: et
δπ : per φψ, cf. *Epod.* i. 11

post hoc secundis usque laboribus   45
Romana pubes crevit, et impio
   vastata Poenorum tumultu
     fana deos habuere rectos,
dixitque tandem perfidus Hannibal
' cervi, luporum praeda rapacium,   50
   sectamur ultro, quos opimus
     fallere et effugere est triumphus.
gens, quae cremato fortis ab Ilio
iactata Tuscis aequoribus sacra
   natosque maturosque patres   55
     pertulit Ausonias ad urbis,
duris ut ilex tonsa bipennibus
nigrae feraci frondis in Algido,
   per damna, per caedis, ab ipso
     ducit opes animumque ferro.   60
non hydra secto corpore firmior
vinci dolentem crevit in Herculem,
   monstrumve submisere Colchi
     maius Echioniaeve Thebae.
merses profundo : pulchrior evenit :   65
luctere : multa proruet integrum
   cum laude victorem geretque
     proelia coniugibus loquenda.
Carthagini iam non ego nuntios
mittam superbos : occidit, occidit   70
   spes omnis et fortuna nostri
     nominis Hasdrubale interempto.'
nil Claudiae non perficiunt manus,
quas et benigno numine Iuppiter
   defendit et curae sagaces   75
     expediunt per acuta belli.

α = aBC]   65 merses a¹(?)C²δψ² Acr. : mersus a²BC¹π : mersae φψ
66 ductore (luctare var. lect. π) ß   proruit δπ¹   70 mittat BC¹
73 perficiunt V : perficiant φψ : perficient cett.

V

DIVIS orte bonis, optime Romulae
custos gentis, abes iam nimium diu ;
maturum reditum pollicitus patrum
    sancto concilio, redi.

lucem redde tuae, dux bone, patriae :   5
instar veris enim vultus ubi tuus
adfulsit populo, gratior it dies
    et soles melius nitent.

ut mater iuvenem, quem Notus invido
flatu Carpathii trans maris aequora   10
cunctantem spatio longius annuo
    dulci distinet a domo,

votis ominibusque et precibus vocat,
curvo nec faciem litore dimovet :
sic desideriis icta fidelibus   15
    quaerit patria Caesarem.

tutus bos etenim rura perambulat,
nutrit rura Ceres almaque Faustitas,
pacatum volitant per mare navitae,
    culpari metuit fides,   20

nullis polluitur casta domus stupris,
mos et lex maculosum edomuit nefas,
laudantur simili prole puerperae,
    culpam poena premit comes.

quis Parthum paveat, quis gelidum Scythen,   25
quis Germania quos horrida parturit
fetus, incolumi Caesare ? quis ferae
    bellum curet Hiberiae ?

condit quisque diem collibus in suis,
et vitem viduas ducit ad arbores ;   30
hinc ad vina redit laetus et alteris
    te mensis adhibet deum ;

α = αBC] V 7 et δπ   12 destinet C²π¹   13 omnibus (omin-
δ²) ßC²   invocat B¹   14 demovet δ¹φψ   18 nutrit rura αδ²π²:
nutritura ßC¹   22 mox φψ   31 redit] venit δ

te multa prece, te prosequitur mero
defuso pateris et Laribus tuum
miscet numen, uti Graecia Castoris   35
    et magni memor Herculis.
' longas o utinam, dux bone, ferias
praestes Hesperiae ! ' dicimus integro
sicci mane die, dicimus uvidi,
    cum sol Oceano subest.   40

VI

DIVE, quem proles Niobea magnae
vindicem linguae Tityosque raptor
sensit et Troiae prope victor altae
    Phthius Achilles,

ceteris maior, tibi miles impar,   5
filius quamvis Thetidis marinae
Dardanas turris quateret tremenda
    cuspide pugnax.

ille, mordaci velut icta ferro
pinus aut impulsa cupressus Euro,   10
procidit late posuitque collum in
    pulvere Teucro.

ille non inclusus equo Minervae
sacra mentito male feriatos
Troas et laetam Priami choreis   15
    falleret aulam ;

sed palam captis gravis, heu nefas ! heu !
nescios fari pueros Achivis
ureret flammis, etiam latentem
    matris in alvo,   20

---

a = aBC] 34 defuso δφψ : diffuso aπ   37 rex δ (add. δ²π²)
VI 10 impulsa βa² : impressa a   14 sacramento φψ   17 captis
om. β : cautis *Housman*

ni tuis victus Venerisque gratae
vocibus divum pater adnuisset
rebus Aeneae potiore ductos
    alite muros.

doctor argutae fidicen Thaliae,   25
Phoebe, qui Xantho lavis amne crines,
Dauniae defende decus Camenae,
    levis Agyieu.

spiritum Phoebus mihi, Phoebus artem
carminis nomenque dedit poetae.   30
virginum primae puerique claris
    patribus orti,

Deliae tutela deae fugaces
lyncas et cervos cohibentis arcu,
Lesbium servate pedem meique   35
    pollicis ictum,

rite Latonae puerum canentes,
rite crescentem face Noctilucam,
prosperam frugum celeremque pronos
    volvere mensis.   40

nupta iam dices 'ego dis amicum,
saeculo festas referente luces,
reddidi carmen, docilis modorum
    vatis Horati.'

VII

DIFFVGERE nives, redeunt iam gramina campis
    arboribusque comae;
mutat terra vices, et decrescentia ripas
    flumina praetereunt;

---

21 victus] flexus *V Bentl.*   25 argutae] Argivae δπ *schol.* φ, *Bentl*
28 Agyieu (*vel* Agyeu, Agieu) *Bπ Acr. Porph.* : Agyleu (*vel* Agylleu,
Agileu) *VAR*λ* lδφψu, schol.* φ   38 noctilucam *Bu* : noctiluca *AaRπ* :
nocte lucem δφψ

Gratia cum Nymphis geminisque sororibus audet   5
    ducere nuda choros.
immortalia ne speres, monet annus et almum
    quae rapit hora diem :
frigora mitescunt Zephyris, ver proterit aestas
    interitura simul   10
pomifer Autumnus fruges effuderit, et mox
    bruma recurrit iners.
damna tamen celeres reparant caelestia lunae :
    nos ubi decidimus
quo pater Aeneas, quo Tullus dives et Ancus,   15
    pulvis et umbra sumus.
quis scit an adiciant hodiernae crastina summae
    tempora di superi?
cuncta manus avidas fugient heredis, amico
    quae dederis animo.   20
cum semel occideris et de te splendida Minos
    fecerit arbitria,
non, Torquate, genus, non te facundia, non te
    restituet pietas ;
infernis neque enim tenebris Diana pudicum   25
    liberat Hippolytum,
nec Lethaea valet Theseus abrumpere caro
    vincula Perithoo.

VIII

DONAREM pateras grataque commodus,
Censorine, meis aera sodalibus,
donarem tripodas, praemia fortium
Graiorum, neque tu pessima munerum

α = aBC (VII 21 sqq. = aB)] VII 15 pater Vδ¹π : pius δ² cett.   dives
tullus (iulus φψ) β   17 qui scis BC   summae] vitae Vδ¹π et pro var.
lect. φ   19 herebis (-it) δφψ   28 Pirithoo φψ   VIII spurium
putat Lehrs   1 commodis (-us δ²) β

ferres, divite me scilicet artium   5
quas aut Parrhasius protulit aut Scopas,
hic saxo, liquidis ille coloribus
sollers nunc hominem ponere, nunc deum.
sed non haec mihi vis, non tibi talium
res est aut animus deliciarum egens.   10
gaudes carminibus; carmina possumus
donare et pretium dicere muneri.
non incisa notis marmora publicis,
per quae spiritus et vita redit bonis
post mortem ducibus, non celeres fugae   15
reiectaeque retrorsum Hannibalis minae,
non incendia Carthaginis impiae
eius, qui domita nomen ab Africa
lucratus rediit, clarius indicant
laudes quam Calabrae Pierides: neque,   20
si chartae sileant quod bene feceris,
mercedem tuleris. quid foret Iliae
Mavortisque puer, si taciturnitas
obstaret meritis invida Romuli?
ereptum Stygiis fluctibus Aeacum   25
virtus et favor et lingua potentium
vatum divitibus consecrat insulis.
dignum laude virum Musa vetat mori:
caelo Musa beat. sic Iovis interest
optatis epulis impiger Hercules,   30
clarum Tyndaridae sidus ab infimis
quassas eripiunt aequoribus ratis,
ornatus viridi tempora pampino
Liber vota bonos ducit ad exitus.

α=αB] 6 qualis Parrhasius prodidit *Servius*   9 nec tibi *Vδ*
14-17 *damnat Peerlkamp*   15 celeris fuga α   17 *damnat Bentley*
25 aequum (eacum *pro var. lecti.* π²φ) ß   28 *et* 33 *damnat Lachmann*
34 duxit α

IX

Ne forte credas interitura, quae
longe sonantem natus ad Aufidum
   non ante vulgatas per artis
      verba loquor socianda chordis:

non, si priores Maeonius tenet   5
sedes Homerus, Pindaricae latent
   Ceaeque et Alcaei minaces
      Stesichorive graves Camenae;

nec, si quid olim lusit Anacreon,
delevit aetas; spirat adhuc amor   10
   vivuntque commissi calores
      Aeoliae fidibus puellae.

non sola comptos arsit adulteri
crinis et aurum vestibus illitum
   mirata regalisque cultus   15
      et comites Helene Lacaena,

primusve Teucer tela Cydonio
direxit arcu; non semel Ilios
   vexata; non pugnavit ingens
      Idomeneus Sthenelusve solus   20

dicenda Musis proelia; non ferox
Hector vel acer Deiphobus gravis
   excepit ictus pro pudicis
      coniugibus puerisque primus.

vixere fortes ante Agamemnona   25
multi; sed omnes illacrimabiles
   urgentur ignotique longa
      nocte, carent quia vate sacro.

paulum sepultae distat inertiae
celata virtus. non ego te meis   30
   chartis inornatum sileri,
      totve tuos patiar labores

α = aB]   IX 4 loquar πφψ *Victorinus*   8 -ve αδ² : -que ß   16
lacenae ß   17 -que (*om.* δ¹ : -ve δ²) ß   19 nec π²φψ   20 -ve
δ²φψ : -que *cett.*   31 sileri ß *et pro var. lect. a* : silebo α

    impune, Lolli, carpere lividas
    obliviones. est animus tibi
      rerumque prudens et secundis   35
        temporibus dubiisque rectus,
    vindex avarae fraudis et abstinens
    ducentis ad se cuncta pecuniae,
      consulque non unius anni,
        sed quotiens bonus atque fidus   40
    iudex honestum praetulit utili,
    reiecit alto dona nocentium
      vultu, per obstantis catervas
        explicuit sua victor arma.
    non possidentem multa vocaveris   45
    recte beatum : rectius occupat
      nomen beati, qui deorum
        muneribus sapienter uti
    duramque callet pauperiem pati
    peiusque leto flagitium timet,   50
      non ille pro caris amicis
        aut patria timidus perire.

X

O CRVDELIS adhuc et Veneris muneribus potens,
insperata tuae cum veniet †pluma superbiae,
et, quae nunc umeris involitant, deciderint comae,
nunc et qui color est puniceae flore prior rosae,
mutatus Ligurinum in faciem verterit hispidam,   5
dices ' heu ' quotiens te speculo videris alterum,
' quae mens est hodie, cur eadem non puero fuit,
vel cur his animis incolumes non redeunt genae ? '

    a = aB]   35 -que *om.* a   40, 42–45 *om. B*   52 peribit a   X 2
bruma *Bentley* : poena *Withof*   5 Ligurine *Torrentius e codd.*
verterit in faciem ß   6 in speculo a

XI

Est mihi nonum superantis annum
plenus Albani cadus; est in horto,
Phylli, nectendis apium coronis;
   est hederae vis

multa, qua crinis religata fulges;   5
ridet argento domus; ara castis
vincta verbenis avet immolato
   spargier agno;

cuncta festinat manus, huc et illuc
cursitant mixtae pueris puellae;   10
sordidum flammae trepidant rotantes
   vertice fumum.

ut tamen noris quibus advoceris
gaudiis, Idus tibi sunt agendae,
qui dies mensem Veneris marinae   15
   findit Aprilem,

iure sollemnis mihi sanctiorque
paene natali proprio, quod ex hac
luce Maecenas meus adfluentis
   ordinat annos.   20

Telephum, quem tu petis, occupavit
non tuae sortis iuvenem puella
dives et lasciva tenetque grata
   compede vinctum.

terret ambustus Phaethon avaras   25
spes, et exemplum grave praebet ales
Pegasus terrenum equitem gravatus
   Bellerophontem,

semper ut te digna sequare et ultra
quam licet sperare nefas putando   30
disparem vites. age iam, meorum
   finis amorum—

α=aB] XI 7 habet β¹   24 victum απ¹

non enim posthac alia calebo
femina—condisce modos, amanda
voce quos reddas : minuentur atrae   35
    carmine curae.

XII

Iam veris comites, quae mare temperant,
impellunt animae lintea Thraciae ;
iam nec prata rigent nec fluvii strepunt
    hiberna nive turgidi.

nidum ponit Ityn flebiliter gemens   5
infelix avis et Cecropiae domus
aeternum opprobrium, quod male barbaras
    regum est ulta libidines.

dicunt in tenero gramine pinguium
custodes ovium carmina fistula   10
delectantque deum cui pecus et nigri
    colles Arcadiae placent.

adduxere sitim tempora, Vergili ;
sed pressum Calibus ducere Liberum
si gestis, iuvenum nobilium cliens,   15
    nardo vina merebere.

nardi parvus onyx eliciet cadum,
qui nunc Sulpiciis accubat horreis,
spes donare novas largus amaraque
    curarum eluere efficax.   20

ad quae si properas gaudia, cum tua
ve ox merce veni : non ego te meis
in munem meditor tingere poculis,
    plena dives ut in domo.

verum pone moras et studium lucri,   25
nigrorumque memor, dum licet, ignium
misce stultitiam consiliis brevem :
    dulce est desipere in loco.

α = aB] XII 4 candidi *Victorinus*   5 itys π²φψ   11 delectante
(-tem δ¹φ¹ψ¹) ß   16 mereberis ß

XIII

AVDIVERE, Lyce, di mea vota, di
audivere, Lyce: fis anus, et tamen
    vis formosa videri
        ludisque et bibis impudens

et cantu tremulo pota Cupidinem   5
lentum sollicitas. ille virentis et
    doctae psallere Chiae
        pulchris excubat in genis.

importunus enim transvolat aridas
quercus et refugit te, quia luridi   10
    dentes te, quia rugae
        turpant et capitis nives.

nec Coae referunt iam tibi purpurae
nec cari lapides tempora quae semel·
    notis condita fastis   15
        inclusit volucris dies.

quo fugit Venus, heu, quove color? decens
quo motus? quid habes illius, illius,
    quae spirabat amores,
        quae me surpuerat mihi,   20

felix post Cinaram notaque et artium
gratarum facies? sed Cinarae brevis
    annos fata dederunt,
        servatura diu parem

cornicis vetulae temporibus Lycen,   25
possent ut iuvenes visere fervidi
    multo non sine risu
        dilapsam in cineres facem.

a = aB] XIII 11 dentes, te quia *Keller*   14 clari a   15 factis
π¹φ¹   17 *interpunxit Chabot*   28 delapsam a   cinerem δ¹

XIV

Qvae cura patrum quaeve Quiritium
plenis honorum muneribus tuas,
    Auguste, virtutes in aevum
      per titulos memoresque fastus

aeternet, o, qua sol habitabilis   5
illustrat oras, maxime principum?
    quem legis expertes Latinae
      Vindelici didicere nuper,

quid Marte posses. milite nam tuo
Drusus Genaunos, implacidum genus,   10
    Breunosque veloces et arces
      Alpibus impositas tremendis

deiecit acer plus vice simplici;
maior Neronum mox grave proelium
    commisit immanisque Raetos   15
      auspiciis pepulit secundis,

spectandus in certamine Martio,
devota morti pectora liberae
    quantis fatigaret ruinis,
      indomitas prope qualis undas   20

exercet Auster, Pleiadum choro
scindente nubes, impiger hostium
    vexare turmas et frementem
      mittere equum medios per ignis.

sic tauriformis volvitur Aufidus,   25
qui regna Dauni praefluit Apuli,
    cum saevit horrendamque cultis
      diluviem meditatur agris,

a = a (*in* XIV 1–4 = aB)]   XIV 4 fastos δ¹π²   5 aeterne et ß
sol] lux a   11 Brennos δ²ς   19 fatigarat δφψ   28 meditatur
a¹ *Porph. Servius* : minitatur ßa²

ut barbarorum Claudius agmina
ferrata vasto diruit impetu   30
   primosque et extremos metendo
     stravit humum sine clade victor,

te copias, te consilium et tuos
praebente divos. nam tibi, quo die
   portus Alexandrea supplex   35
     et vacuam patefecit aulam,

fortuna lustro prospera tertio
belli secundos reddidit exitus,
   laudemque et optatum peractis
     imperiis decus arrogavit.   40

te Cantaber non ante domabilis
Medusque et Indus, te profugus Scythes
   miratur, o tutela praesens
     Italiae dominaeque Romae.

te, fontium qui celat origines,   45
Nilusque et Hister, te rapidus Tigris,
   te beluosus qui remotis
     obstrepit Oceanus Britannis,

te non paventis funera Galliae
duraeque tellus audit Hiberiae,   50
   te caede gaudentes Sygambri
     compositis venerantur armis.

XV

PHOEBVS volentem proelia me loqui
victas et urbis increpuit lyra,
   ne parva Tyrrhenum per aequor
     vela darem. tua, Caesar, aetas

$a = a$] 35 alexandria $a^1\pi^2$ 49 paventes $a\pi^1$

fruges et agris rettulit uberes,   5
et signa nostro restituit Iovi
 derepta Parthorum superbis
  postibus et vacuum duellis

Ianum Quirini clausit et ordinem
rectum evaganti frena licentiae   10
 iniecit emovitque culpas
  et veteres revocavit artis,

per quas Latinum nomen et Italae
crevere vires, famaque et imperi
 porrecta maiestas ad ortus   15
  solis ab Hesperio cubili.

custode rerum Caesare non furor
civilis aut vis exiget otium,
 non ira, quae procudit ensis
  et miseras inimicat urbis.   20

non qui profundum Danuvium bibunt
edicta rumpent Iulia, non Getae,
 non Seres infidive Persae,
  non Tanain prope flumen orti.

nosque et profestis lucibus et sacris   25
inter iocosi munera Liberi
 cum prole matronisque nostris,
  rite deos prius apprecati,

virtute functos more patrum duces
Lydis remixto carmine tibiis   30
 Troiamque et Anchisen et almae
  progeniem Veneris canemus.

  a = a] XV 7 derepta *ϛ* : direpta *codd.* 10 et vaganti δ¹(?)φψ
 15 ortum δ¹ 18 eximet δφψ, *cf.* iii. 14. 14 23 -que *a*

CARMEN SAECVLARE

Phoebe silvarumque potens Diana,
lucidum caeli decus, o colendi
semper et culti, date quae precamur
    tempore sacro,

quo Sibyllini monuere versus   5
virgines lectas puerosque castos
dis, quibus septem placuere colles,
    dicere carmen.

alme Sol, curru nitido diem qui
promis et celas aliusque et idem   10
nasceris, possis nihil urbe Roma
    visere maius.

rite maturos aperire partus
lenis, Ilithyia, tuere matres,
sive tu Lucina probas vocari   15
    seu Genitalis:

diva, producas subolem, patrumque
prosperes decreta super iugandis
feminis prolisque novae feraci
    lege marita,   20

certus undenos decies per annos
orbis ut cantus referatque ludos
ter die claro totiensque grata
    nocte frequentis.

α = aBCM] 5 quo πφ² : quod αδ² : quos δ¹φ¹ψ Acr.   6 lactas δ¹
14 ilethyia aBC   16 Genetyllis Bentley : cf. Aristoph. Nub. 52,
Thesm. 130   21 certe (sscr. o) sunt denos B   23 totiensque
ₛMδ²π corr. : potiensque ẞ : totidemque BC

vosque veraces cecinisse, Parcae,   25
quod semel dictum est stabilisque rerum
terminus servet, bona iam peractis
   iungite fata.

fertilis frugum pecorisque tellus
spicea donet Cererem corona;   30
nutriant fetus et aquae salubres
   et Iovis aurae.

condito mitis placidusque telo
supplices audi pueros, Apollo;
siderum regina bicornis, audi,   35
   Luna, puellas:

Roma si vestrum est opus, Iliaeque
litus Etruscum tenuere turmae,
iussa pars mutare Lares et urbem
   sospite cursu,   40

cui per ardentem sine fraude Troiam
castus Aeneas patriae superstes
liberum munivit iter, daturus
   plura relictis:

di, probos mores docili iuventae,   45
di, senectuti placidae quietem,
Romulae genti date remque prolemque
   et decus omne.

quaeque vos bubus veneratur albis
clarus Anchisae Venerisque sanguis,   50
impetret, bellante prior, iacentem
   lenis in hostem.

iam mari terraque manus potentis
Medus Albanasque timet securis,
iam Scythae responsa petunt superbi   55
   nuper et Indi.

a = aBCM] 26 est aδ² : om. BC¹   27 servat ς   39 urbes
BC   46 senectutis Mδπ   49 queque C   bobus aBδ   51 impetret Vaπ : imperet δφψ

iam Fides et Pax et Honos Pudorque
priscus et neglecta redire Virtus
audet, apparetque beata pleno
   Copia cornu.   60
augur et fulgente decorus arcu
Phoebus acceptusque novem Camenis,
qui salutari levat arte fessos
   corporis artus,
si Palatinas videt aequus aras,   65
remque Romanam Latiumque felix
alterum in lustrum meliusque semper
   prorogat aevum.
quaeque Aventinum tenet Algidumque,
quindecim Diana preces virorum   70
curat et votis puerorum amicas
   applicat auris.
haec Iovem sentire deosque cunctos
spem bonam certamque domum reporto,
doctus et Phoebi chorus et Dianae   75
   dicere laudes.

α = aBCM] 65 aras *VMδ²π et pro var. lect. a*: arces *aCδ¹φψ*   68
prorogat *VBC*: proroget ẞa*M Porph.*

Q. HORATI FLACCI
EPODON LIBER

I

Ibis Liburnis inter alta navium,
   amice, propugnacula,
paratus omne Caesaris periculum
   subire, Maecenas, tuo.
quid nos, quibus te vita si superstite   5
   iucunda, si contra, gravis?
utrumne iussi persequemur otium,
   non dulce, ni tecum simul,
an hunc laborem, mente laturi decet
   qua ferre non mollis viros?   10
feremus et te vel per Alpium iuga
   inhospitalem et Caucasum
vel Occidentis usque ad ultimum sinum
   forti sequemur pectore.
roges, tuum labore quid iuvem meo,   15
   imbellis ac firmus parum?
comes minore sum futurus in metu,
   qui maior absentis habet;

α = aBM] I 3 Caesari π²   5 si om. a¹Mπ² : sit Aldus : si est
Ritter   9 interpunxit Scheibe   10 quem (quę π') ß   11 vel om. δ,
cf. Carm. iv. 4. 43   15 labore Glareanus : laborem codd.

ut adsidens implumibus pullis avis
  serpentium allapsus timet   20
magis relictis, non, ut adsit, auxili
  latura plus praesentibus.
libenter hoc et omne militabitur
  bellum in tuae spem gratiae,
non ut iuvencis illigata pluribus   25
  aratra nitantur mea,
pecusve Calabris ante sidus fervidum
  Lucana mutet pascuis,
neque ut superni villa candens Tusculi
  Circaea tangat moenia.   30
satis superque me benignitas tua
  ditavit : haud paravero,
quod aut avarus ut Chremes terra premam,
  discinctus aut perdam nepos.

II

' BEATVS ille, qui procul negotiis,
  ut prisca gens mortalium,
paterna rura bubus exercet suis,
  solutus omni faenore,
neque excitatur classico miles truci,   5
  neque horret iratum mare,
forumque vitat et superba civium
  potentiorum limina.
ergo aut adulta vitium propagine
  altas maritat populos,   10
aut in reducta valle mugientium
  prospectat errantis greges,
inutilisque falce ramos amputans
  feliciores inserit,

α = aBCM (in 21-23 = aBM)]   21 adsit αδ² : sit ß : non uti sit *cum*.
uno Bland. Bentley   26 mea π² : meis *cett.*   28 pascuis *VBM* :
pascua *aBC*   29 superne π   candens (cadens *C*) α : tangens ß¹
34 ut nepos ßa²M   II 3 bobus (bub- π¹) ß   9 erga *C*

aut pressa puris mella condit amphoris,   15
   aut tondet infirmas ovis ;
vel cum decorum mitibus pomis caput
   Autumnus agris extulit,
ut gaudet insitiva decerpens pira
   certantem et uvam purpurae,   20
qua muneretur te, Priape, et te, pater
   Silvane, tutor finium !
libet iacere modo sub antiqua ilice,
   modo in tenaci gramine :
labuntur altis interim rivis aquae,   25
   queruntur in silvis aves,
fontesque lymphis obstrepunt manantibus,
   somnos quod invitet levis.
at cum tonantis annus hibernus Iovis
   imbris nivesque comparat,   30
aut trudit acris hinc et hinc multa cane
   apros in obstantis plagas,
aut amite levi rara tendit retia,
   turdis edacibus dolos,
pavidumque leporem et advenam laqueo gruem   35
   iucunda captat praemia.
quis non malarum, quas amor curas habet,
   haec inter obliviscitur ?
quodsi pudica mulier in partem iuvet
   domum atque dulcis liberos,   40
Sabina qualis aut perusta solibus
   pernicis uxor Apuli,
sacrum vetustis exstruat lignis focum
   lassi sub adventum viri,
claudensque textis cratibus laetum pecus   45
   distenta siccet ubera,

  α $= aBCM$ (37 *sqq. om. B*)] 18 arvis $Ma^2\delta^2$: uvis π^2 extulit agris
φψ   19 gaudens (-et $\delta^2\pi^2$) ß   20 purpura V 21 muneret φψ
23 *Hinc novus Epodos in aC*   alta ilice C 25 rivis VB^1ß : ripis
α$\delta^2\pi^1$ 27 frondes *Markland*   33 tetendit δ^1φψ   37 Roma quas
curas *Scriverius*   39 quid si C^2

et horna dulci vina promens dolio
  dapes inemptas apparet;
non me Lucrina iuverint conchylia
  magisve rhombus aut scari,   50
si quos Eois intonata fluctibus
  hiems ad hoc vertat mare,
non Afra avis descendat in ventrem meum,
  non attagen Ionicus
iucundior, quam lecta de pinguissimis   55
  oliva ramis arborum
aut herba lapathi prata amantis et gravi
  malvae salubres corpori,
vel agna festis caesa Terminalibus
  vel haedus ereptus lupo.   60
has inter epulas ut iuvat pastas ovis
  videre properantis domum,
videre fessos vomerem inversum boves
  collo trahentis languido,
positosque vernas, ditis examen domus,   65
  circum renidentis Lares!'
haec ubi locutus faenerator Alfius,
  iam iam futurus rusticus,
omnem redegit Idibus pecuniam,
  quaerit Kalendis ponere.   70

III

PARENTIS olim si quis impia manu
  senile guttur fregerit,
edit cicutis alium nocentius.
  o dura messorum ilia!
quid hoc veneni saevit in praecordiis?   5
  num viperinus his cruor
incoctus herbis me fefellit, an malas
  Canidia tractavit dapes?

a = aCM (*in* III 1–8 = aBCM)]   50 scauri C^1(?)π^2 55 lecta deposcimus a^1 61 et a^2C^2M

ut Argonautas praeter omnis candidum
    Medea mirata est ducem,   10
ignota tauris illigaturum iuga
    perunxit hoc Iasonem ;
hoc delibutis ulta donis paelicem
    serpente fugit alite.
nec tantus umquam siderum insedit vapor   15
    siticulosae Apuliae,
nec munus umeris efficacis Herculis
    inarsit aestuosius.
at si quid umquam tale concupiveris,
    iocose Maecenas, precor   20
manum puella savio opponat tuo,
    extrema et in sponda cubet.

IV

Lvpis et agnis quanta sortito obtigit,
    tecum mihi discordia est,
Hibericis peruste funibus latus
    et crura dura compede.
licet superbus ambules pecunia,   5
    fortuna non mutat genus.
videsne, Sacram metiente te viam
    cum bis trium ulnarum toga,
ut ora vertat huc et huc euntium
    liberrima indignatio ?   10
' sectus flagellis hic triumviralibus
    praeconis ad fastidium
arat Falerni mille fundi iugera
    et Appiam mannis terit,

---

a = aCM (in IV = aBCM)]   III 21 suavis C   IV 8 trium *Barthius*:
ter *codd.*   vinarum B

sedilibusque magnus in primis eques   15
   Othone contempto sedet.
quid attinet tot ora navium gravi
   rostrata duci pondere
contra latrones atque servilem manum
   hoc, hoc tribuno militum?'   20

V

AT, o deorum quidquid in caelo regit
   terras et humanum genus,
quid iste fert tumultus? aut quid omnium
   vultus in unum me truces?
per liberos te, si vocata partubus   5
   Lucina veris adfuit,
per hoc inane purpurae decus precor,
   per improbaturum haec Iovem,
quid ut noverca me intueris aut uti
   petita ferro belua?'   10
ut haec trementi questus ore constitit
   insignibus raptis puer,
impube corpus, quale posset impia
   mollire Thracum pectora.
Canidia, brevibus illigata viperis   15
   crinis et incomptum caput,
iubet sepulcris caprificos erutas,
   iubet cupressos funebris
et uncta turpis ova ranae sanguine
   plumamque nocturnae strigis   20
herbasque, quas Iolcos atque Hiberia
   mittit venenorum ferax,
et ossa ab ore rapta ieiunae canis
   flammis aduri Colchicis.

α = aBCM]   17 aera *Bentley*   V 1 regis (-it δ²) βa²   3 et β
11 haec αδ² : haec et β   13 posset] solet *B*   15 illigata α *Porph.* :
implicata β   18 cupressus β   20 strigis nocturnae (strigi *C*) α
21 hiolcos aBMδ² : colchos βVC   atque βM : aut aBC

at expedita Sagana per totam domum   25
    spargens Avernalis aquas
horret capillis ut marinus asperis
    echinus aut currens aper.
abacta nulla Veia conscientia
    ligonibus duris humum   30
exhauriebat ingemens laboribus,
    quo posset infossus puer
longo die bis terque mutatae dapis
    inemori spectaculo,
cum promineret ore, quantum exstant aqua   35
    suspensa mento corpora ;
exsecta uti medulla et aridum iecur
    amoris esset poculum,
interminato cum semel fixae cibo
    intabuissent pupulae.   40
non defuisse masculae libidinis
    Ariminensem Foliam
et otiosa credidit Neapolis
    et omne vicinum oppidum.
quae sidera excantata voce Thessala   45
    lunamque caelo deripit.
hic irresectum saeva dente livido
    Canidia rodens pollicem
quid dixit aut quid tacuit? 'o rebus meis
    non infideles arbitrae,   50
Nox et Diana, quae silentium regis
    arcana cum fiunt sacra,
nunc, nunc adeste, nunc in hostilis domos
    iram atque numen vertite !
formidulosis cum latent silvis ferae   55
    dulci sopore languidae,

a = aBCM]   28 Laurens N. Heinsius   34 inmemori (inem- δ²) ℬa¹
37 exsucta C²M   53-54 post 56 trsp. Peerlkamp   55 formidulosae
a²C²Mδ²   dum (cum δ²) ℬ

senem, quod omnes rideant, adulterum
    latrent Suburanae canes

nardo perunctum, quale non perfectius
    meae laborarint manus.   60

quid accidit? cur dira barbarae minus
    venena Medeae valent,

quibus superbam fugit ulta paelicem,
    magni Creontis filiam,

cum palla, tabo munus imbutum, novam   65
    incendio nuptam abstulit?

atqui nec herba nec latens in asperis
    radix fefellit me locis.

indormit unctis omnium cubilibus
    oblivione paelicum.   70

a! a! solutus ambulat veneficae
    scientioris carmine.

non usitatis, Vare, potionibus,
    o multa fleturum caput,

ad me recurres, nec vocata mens tua   75
    Marsis redibit vocibus:

maius parabo, maius infundam tibi
    fastidienti poculum,

priusque caelum sidet inferius mari,
    tellure porrecta super,   80

quam non amore sic meo flagres uti
    bitumen atris ignibus.'

sub haec puer iam non ut ante mollibus
    lenire verbis impias,

sed dubius unde rumperet silentium   85
    misit Thyesteas preces:

α = aBCM]   57 quo α²δ³φψ   58 suburbanae a¹C¹(?)   60 labo-
rarunt (-int M) α   61 accidit om. C¹   63 superbam Vδ¹φψ: superba
αϖ   65 infectum α   nova Bπ²   79 mare (-i δ²) β

'venena magnum fas nefasque, non valent
   convertere humanam vicem;
diris agam vos; dira detestatio
   nulla expiatur victima: 90
quin, ubi perire iussus exspiravero,
   nocturnus occurram Furor
petamque vultus umbra curvis unguibus,
   quae vis deorum est manium,
et inquietis adsidens praecordiis   95
   pavore somnos auferam:
vos turba vicatim hinc et hinc saxis petens
   contundet obscenas anus;
post insepulta membra different lupi
   et Esquilinae alites;   100
neque hoc parentes heu mihi superstites
   effugerit spectaculum.'

VI

QVID immerentis hospites vexas canis
   ignavus adversum lupos?
quin huc inanis, si potes, vertis minas,
   et me remorsurum petis?
nam qualis aut Molossus aut fulvus Lacon,   5
   amica vis pastoribus,
agam per altas aure sublata nives,
   quaecumque praecedet fera:
tu cum timenda voce complesti nemus,
   proiectum odoraris cibum.   10
cave, cave: namque in malos asperrimus
   parata tollo cornua,

a = aBCM]   87 (magnum) *Lambinus*: maga non *Haupt*: maga num
. . . num valent *Nauck*: magica *edd. vett. Bentley*   88 non vertere
humanas vices *Bentley*: immani vice *Peerlkamp*   98 contundat a
102 effugerint (-it *M*) aπ¹   VI 2 adversus *Cφψ*: adversos *B*   3
vertis aB¹π¹C*M*: verte *VB²ß*   4 pete (-tis π¹) ß

qualis Lycambae spretus infido gener.
　aut acer hostis Bupalo.
an si quis atro dente me petiverit,　　　　　　　　15
　inultus ut flebo puer?

VII

Qvo, quo scelesti ruitis? aut cur dexteris
　aptantur enses conditi?
parumne campis atque Neptuno super
　fusum est Latini sanguinis,
non, ut superbas invidae Carthaginis　　　　　　5
　Romanus arces ureret,
intactus aut Britannus ut descenderet
　Sacra catenatus via,
sed ut secundum vota Parthorum sua
　urbs haec periret dextera?　　　　　　　　　　10
neque hic lupis mos nec fuit leonibus
　umquam nisi in dispar feris.
furorne caecus, an rapit vis acrior,
　an culpa? responsum date!
tacent et albus ora pallor inficit　　　　　　　　15
　mentesque perculsae stupent.
sic est: acerba fata Romanos agunt
　scelusque fraternae necis,
ut immerentis fluxit in terram Remi
　sacer nepotibus cruor.　　　　　　　　　　　20

VIII

Rogare longo putidam te saeculo
　viris quid enervet meas,
cum sit tibi dens ater et rugis vetus
　frontem senectus exaret,

α = aBCM]　15 oppetiverit β　　VII 1 dextris aBMδ¹　　12 nun-
quam Bonfinis　　13 caecos a²　　15 ora pallor albus β　　VIII 2
quod BCδ²

hietque turpis inter aridas natis   5
   podex velut crudae bovis?
sed incitat me pectus et mammae putres,
   equina quales ubera,
venterque mollis et femur tumentibus
   exile suris additum.   10
esto beata, funus atque imagines
   ducant triumphales tuum,
nec sit marita, quae rotundioribus
   onusta bacis ambulet.
quid quod libelli Stoici inter sericos   15
   iacere pulvillos amant?
illiterati num minus nervi rigent,
   minusve languet fascinum?
quod ut superbo provoces ab inguine,
   ore allaborandum est tibi.   20

IX

QVANDO repostum Caecubum ad festas dapes
   victore laetus Caesare
tecum sub alta—sic Iovi gratum—domo,
   beate Maecenas, bibam
sonante mixtum tibiis carmen lyra,   5
   hac Dorium, illis barbarum,
ut nuper, actus cum freto Neptunius
   dux fugit ustis navibus,
minatus Vrbi vincla, quae detraxerat
   servis amicus perfidis?   10
Romanus, eheu,—posteri negabitis—
   emancipatus feminae
fert vallum et arma miles et spadonibus
   servire rugosis potest,

$a = aBCM$] 13 quaerunt unionibus *schol. Pers.*   17 *an* strigant?
IX 1 repositum $a\pi^1$ 13–38 *om. B*

interque signa turpe militaria 15
   sol aspicit conopium.

ad hunc frementes verterunt bis mille equos
   Galli, canentes Caesarem,

hostiliumque navium portu latent
   puppes sinistrorsum citae. 20

io Triumphe, tu moraris aureos
   currus et intactas boves?

io Triumphe, nec Iugurthino parem
   bello reportasti ducem,

neque Africanum, cui super Carthaginem 25
   virtus sepulcrum condidit.

terra marique victus hostis Punico
   lugubre mutavit sagum.

aut ille centum nobilem Cretam urbibus
   ventis iturus non suis, 30

exercitatas aut petit Syrtis Noto,
   aut fertur incerto mari.

capaciores adfer huc, puer, scyphos
   et Chia vina aut Lesbia:

vel quod fluentem nauseam coerceat 35
   metire nobis Caecubum:

curam metumque Caesaris rerum iuvat
   dulci Lyaeo solvere.

X

MALA soluta navis exit alite,
   ferens olentem Maevium:

ut horridis utrumque verberes latus,
   Auster, memento fluctibus.

α = aCM (in X = aBCM)] 16 conopium a¹: canopium C: conopeum
cett. 17 at a² huc C¹a²δ² ab hoc *N. Heinsius*: ad hoc *Bentley*
24 repostasti π¹: reposti ψ¹ 25 africano φψπ²: Africani *Madvig*
28 mutabit *Lachmann*

niger rudentis Eurus inverso mari   5
  fractosque remos differat;
insurgat Aquilo, quantus altis montibus
  frangit trementis ilices;
nec sidus atra nocte amicum appareat,
  qua tristis Orion cadit;   10
quietiore nec feratur aequore
  quam Graia victorum manus,
cum Pallas usto vertit iram ab Ilio
  in impiam Aiacis ratem!
o quantus instat navitis sudor tuis   15
  tibique pallor luteus
et illa non virilis eiulatio,
  preces et aversum ad Iovem,
Ionius udo cum remugiens sinus
  Noto carinam ruperit!   20
opima quodsi praeda curvo litore
  porrecta mergos iuverit,
libidinosus immolabitur caper
  et agna Tempestatibus.

XI

PETTI, nihil me sicut antea iuvat
  scribere versiculos amore percussum gravi,
amore, qui me praeter omnis expetit
  mollibus in pueris aut in puellis urere.
hic tertius December, ex quo destiti   5
  Inachia furere, silvis honorem decutit.
heu me, per Vrbem—nam pudet tanti mali—
  fabula quanta fui! conviviorum et paenitet,
in quis amantem languor et silentium
  arguit et latere petitus imo spiritus.   10

a = aBCM]   X 8 franget B   18 adversum δ¹φψ   18–20 om. B
19–20 sinu notus Va   21 optima a¹   22 proiecta Lachmann
iuveris ⸋   XI 1 pecti aBC²δ   2 perculsum ßa²C   8 ut Bentley

'contrane lucrum nil valere candidum
 pauperis ingenium?' querebar applorans tibi,
simul calentis inverecundus deus
 fervidiore mero arcana promorat loco.
'quodsi meis inaestuet praecordiis   15
 libera bilis, ut haec ingrata ventis dividat
fomenta vulnus nil malum levantia,
 desinet imparibus certare summotus pudor.'
ubi haec severus te palam laudaveram,
 iussus abire domum ferebar incerto pede   20
ad non amicos heu mihi postis et heu
 limina dura, quibus lumbos et infregi latus.
nunc gloriantis quamlibet mulierculam
 vincere mollitie amor Lycisci me tenet,
unde expedire non amicorum queant   25
 libera consilia nec contumeliae graves,
sed alius ardor aut puellae candidae
 aut teretis pueri longam renodantis comam.

XII

Qvɪᴅ tibi vis, mulier nigris dignissima barris?
 munera quid mihi quidve tabellas
mittis nec firmo iuveni neque naris obesae?
 namque sagacius unus odoror,
polypus an gravis hirsutis cubet hircus in alis,   5
 quam canis acer ubi lateat sus.
qui sudor vietis et quam malus undique membris
 crescit odor, cum pene soluto
indomitam properat rabiem sedare; neque illi
 iam manet umida creta colorque   10
stercore fucatus crocodili, iamque subando
 tenta cubilia tectaque rumpit!

  ɑ = *aBCM*]   13–28 *om. B*   24 mollitie δ¹(?) : mollitia *codd.*   27
arbor *C*   XII 2 cur mihi ß*M Fortunatianus*   curve *Fortunatianus*
3 mittes *B*   8 crescat ß   11 crocodilli (-drilli *B*) ß*B*

vel mea cum saevis agitat fastidia verbis:
  'Inachia langues minus ac me;
Inachiam ter nocte potes, mihi semper ad unum   15
  mollis opus. pereat male, quae te
Lesbia quaerenti taurum monstravit inertem,
  cum mihi Cous adesset Amyntas,
cuius in indomito constantior inguine nervus
  quam nova collibus arbor inhaeret.   20
muricibus Tyriis iteratae vellera lanae
  cui properabantur? tibi nempe,
ne foret aequalis inter conviva, magis quem
  diligeret mulier sua quam te.
o ego non felix, quam tu fugis ut pavet acris   25
  agna lupos capreaeque leones!'

XIII

HORRIDA tempestas caelum contraxit et imbres
  nivesque deducunt Iovem; nunc mare, nunc siluae
Threicio Aquilone sonant: rapiamus, amici,
  occasionem de die, dumque virent genua
et decet, obducta solvatur fronte senectus.   5
  tu vina Torquato move consule pressa meo:
cetera mitte loqui: deus haec fortasse benigna
  reducet in sedem vice. nunc et Achaemenio
perfundi nardo iuvat et fide Cyllenea
  levare diris pectora sollicitudinibus;   10
nobilis ut grandi cecinit Centaurus alumno:
  'invicte, mortalis dea nate puer Thetide,
te manet Assaraci tellus, quam frigida parvi
  findunt Scamandri flumina lubricus et Simois;
unde tibi reditum certo subtemine Parcae   15
  rupere, nec mater domum caerula te revehet.
illic omne malum vino cantuque levato,
  deformis aegrimoniae dulcibus alloquiis.'

a = aBCM j   XIII 3 amice *Bentley*   11 cecinit grandi aBC   13
proni *Bentley*: alii alia   14-15 = 15-14 *in* φ   15 curto *Bentley*

Q. HORATI FLACCI

XIV

MOLLIS inertia cur tantam diffuderit imis
    oblivionem sensibus,
pocula Lethaeos ut si ducentia somnos
    arente fauce traxerim,
candide Maecenas, occidis saepe rogando: 5
    deus, deus nam me vetat
inceptos, olim promissum carmen, iambos
    ad umbilicum adducere.
non aliter Samio dicunt arsisse Bathyllo
    Anacreonta Teium,   10
qui persaepe cava testudine flevit amorem
    non elaboratum ad pedem.
ureris ipse miser: quodsi non pulchrior ignis
    accendit obsessam Ilion,
gaude sorte tua; me libertina neque uno   15
    contenta Phryne macerat.

XV

NOX erat et caelo fulgebat luna sereno
    inter minora sidera,
cum tu magnorum numen laesura deorum
    in verba iurabas mea,
artius atque hedera procera adstringitur ilex,   5
    lentis adhaerens bracchiis,
dum pecori lupus et nautis infestus Orion
    turbaret hibernum mare,
intonsosque agitaret Apollinis aura capillos,
    fore hunc amorem mutuum.   10
o dolitura mea multum virtute Neaera!
    nam si quid in Flacco viri est,
non feret adsiduas potiori te dare noctes,
    et quaeret iratus parem,

a = aBCM]   XIV 3 uti δ¹φψ   10 non (ñ) acreonta aB²: acreonta
C   XV 9 agitarit δπ¹   12 virium a²δπ²φψ   14 quaerit aBπ

nec semel offensae cedet constantia formae,   15
    si certus intrarit dolor.

et tu, quicumque es felicior atque meo nunc
    superbus incedis malo,

sis pecore et multa dives tellure licebit,
    tibique Pactolus fluat,   20

nec te Pythagorae fallant arcana renati,
    formaque vincas Nirea,

heu heu translatos alio maerebis amores:
    ast ego vicissim risero.

XVI

ALTERA iam teritur bellis civilibus aetas,
    suis et ipsa Roma viribus ruit:

quam neque finitimi valuerunt perdere Marsi
    minacis aut Etrusca Porsenae manus,

aemula nec virtus Capuae nec Spartacus acer   5
    novisque rebus infidelis Allobrox,

nec fera caerulea domuit Germania pube
    parentibusque abominatus Hannibal,

impia perdemus devoti sanguinis aetas,
    ferisque rursus occupabitur solum.   10

barbarus heu cineres insistet victor et Vrbem
    eques sonante verberabit ungula,

quaeque carent ventis et solibus ossa Quirini,
    nefas videre! dissipabit insolens.

forte quid expediat communiter aut melior pars   15
    malis carere quaeritis laboribus.

nulla sit hac potior sententia, Phocaeorum
    velut profugit exsecrata civitas

α = aBCM]   15 offensi *Gogavius*   17 tu *om.* ẞ   22 Nirea *a*δ¹(?):
Nerea *cett.*   23 heu heu *aM*δπ: eheu heu *C*: eheu eheu *B*: eheu φψ
XVI 4 Porsenae δ¹: Porsennae *cett.*   12 eque *C*: equi (etqui *B²*) *B*
14 videri *VB̲a*   dissipavit *C*   15 quod ϛ

agros atque Lares patrios, habitandaque fana
  apris reliquit et rapacibus lupis,   20
ire pedes quocumque ferent, quocumque per undas
  Notus vocabit aut protervus Africus.
sic placet? an melius quis habet suadere? secunda
  ratem occupare quid moramur alite?
sed iuremus in haec: simul imis saxa renarint   25
  vadis levata, ne redire sit nefas; ,
neu conversa domum pigeat dare lintea, quando
  Padus Matina laverit cacumina,
in mare seu celsus procurrerit Appenninus,
  novaque monstra iunxerit libidine   30
mirus amor, iuvet ut tigris subsidere cervis,
  adulteretur et columba miluo,
credula nec ravos timeant armenta leones,
  ametque salsa levis hircus aequora.
haec et quae poterunt reditus abscindere dulcis   35
  eamus omnis exsecrata civitas,
aut pars indocili melior grege; mollis et exspes
  inominata perprimat cubilia!
vos quibus est virtus, muliebrem tollite luctum,
  Etrusca praeter et volate litora.   40
nos manet Oceanus circumvagus: arva, beata
  petamus arva, divites et insulas,
reddit ubi Cererem tellus inarata quotannis
  et imputata floret usque vinea,
germinat et numquam fallentis termes olivae,   45
  suamque pulla ficus ornat arborem,
mella cava manant ex ilice, montibus altis
  levis crepante lympha desilit pede.
illic iniussae veniunt ad mulctra capellae,
  refertque tenta grex amicus ubera;   50

α – aBCM] 21 ferunt aM   23-26 om. B   33 ravos VB:
pravos C: flavos ßaM   37 expers BCδφψ   41 circumvagus arva
volunt nonnulli   48 nympha δ¹φψ

nec vespertinus circumgemit ursus ovile,
 neque intumescit alta viperis humus:
pluraque felices mirabimur; ut neque largis
 aquosus Eurus arva radat imbribus,
pinguia nec siccis urantur semina glaebis,   55
 utrumque rege temperante caelitum.
non huc Argoo contendit remige pinus,
 neque impudica Colchis intulit pedem;
non huc Sidonii torserunt cornua nautae
 laboriosa nec cohors Vlixei: 60
nulla nocent pecori contagia, nullius astri
 gregem aestuosa torret impotentia.
Iuppiter illa piae secrevit litora genti,
 ut inquinavit aere tempus aureum;
aere, dehinc ferro duravit saecula, quorum   65
 piis secunda vate me datur fuga.

XVII

Iam iam efficaci do manus scientiae,
supplex et oro regna per Proserpinae,
per et Dianae non movenda numina,
per atque libros carminum valentium
refixa caelo devocare sidera,   5
Canidia, parce vocibus tandem sacris,
citumque retro solve, solve turbinem.
movit nepotem Telephus Nereium,
in quem superbus ordinarat agmina
Mysorum et in quem tela acuta torserat: 10
unxere matres Iliae addictum feris
alitibus atque canibus homicidam Hectorem,
postquam relictis moenibus rex procidit

α = aBCM]   51 olivae C : ovili a¹φψδ¹   52 om. B   61-62 post
56 trsp. Fea   61 austri a²Bπ   XVII 5 defixa β   11 unxere
VaMβ : luxere BC

129

heu pervicacis ad pedes Achillei :
saetosa duris exuere pellibus   15
laboriosi remiges Vlixei

volente Circa membra ; tunc mens et sonus
relapsus atque notus in vultus honor.

dedi satis superque poenarum tibi,
amata nautis multum et institoribus :   20
fugit iuventas et verecundus color

reliquit ossa pelle amicta lurida ;
tuis capillus albus est odoribus ;
nullum ab labore me reclinat otium ;

urget diem nox et dies noctem, neque est   25
levare tenta spiritu praecordia.

ergo negatum vincor ut credam miser,
Sabella pectus increpare carmina
caputque Marsa dissilire nenia.

quid amplius vis ? o mare et terra, ardeo   30
quantum neque atro delibutus Hercules
Nessi cruore nec Sicana fervida

virens in Aetna flamma : tu, donec cinis
iniuriosis aridus ventis ferar,
cales venenis officina Colchicis.   35

quae finis aut quod me manet stipendium ?
effare : iussas cum fide poenas luam,
paratus expiare, seu poposceris

centum iuvencos, sive mendaci lyra
voles sonari, tu pudica, tu proba   40
perambulabis astra sidus aureum.

infamis Helenae Castor offensus vice
fraterque magni Castoris, victi prece,
adempta vati reddidere lumina :

et tu, potes nam, solve me dementia,   45

a = aBCM]   17 tum aM   18 relatus BC   22 ora Bentley
amictus BC¹   30 o terra ⊊   35 calens C¹   39 iuvencis ⊊   40
sonari aC²Mδ²: sonare cett.   42 vicem M Bentley

o nec paternis obsoleta sordibus,
neque in sepulcris pauperum prudens anus
novendialis dissipare pulveres.
tibi hospitale pectus et purae manus,
tuusque venter Pactumeius, et tuo   50
cruore rubros obstetrix pannos lavit,
utcumque fortis exsilis puerpera.
  'quid obseratis auribus fundis preces?
non saxa nudis surdiora navitis
Neptunus alto tundit hibernus salo.   55
inultus ut tu riseris Cotyttia
vulgata, sacrum liberi Cupidinis,
et Esquilini pontifex venefici
impune ut Vrbem nomine impleris meo?
quid proderit ditasse Paelignas anus,   60
velociusve miscuisse toxicum?
sed tardiora fata te votis manent:
ingrata misero vita ducenda est in hoc,
novis ut usque suppetas laboribus.
optat quietem Pelopis infidi pater,   65
egens benignae Tantalus semper dapis,
optat Prometheus obligatus aliti,
optat supremo collocare Sisyphus
in monte saxum; sed vetant leges Iovis.
voles modo altis desilire turribus,   70
modo ense pectus Norico recludere,
frustraque vincla gutturi nectes tuo,
fastidiosa tristis aegrimonia.
vectabor umeris tunc ego inimicis eques,
meaeque terra cedet insolentiae.   75
an quae movere cereas imagines,

α = *aBCM*] 55 albo *Palmer* 56 cocytia (-cia) αβ 57 sacra
(-um δ²) β 60 proderat *B* 62 si βa² 64 doloribus βaM 67
alite (-i δ²) β 72 innectes α

ut ipse nosti curiosus, et polo
deripere lunam vocibus possim meis,
possim crematos excitare mortuos
desiderique temperare pocula,   80
plorem artis in te nil agentis exitus?'

α = aBCM]   77 curiosus nosti BC   78 diripere aπ²φψ   80 po-
culum ßa M   81 habentis aC²δπ¹ : valentis π³   exitum ß

Q. HORATI FLACCI

SERMONVM

LIBER PRIMVS

I

Qvi fit, Maecenas, ut nemo, quam sibi sortem
seu ratio dederit seu fors obiecerit, illa
contentus vivat, laudet diversa sequentis?
' o fortunati mercatores ! ' gravis annis
miles ait multo iam fractus membra labore.   5
contra mercator, navem iactantibus Austris,
' militia est potior. quid enim? concurritur : horae
momento cita mors venit aut victoria laeta.'
agricolam laudat iuris legumque peritus,
sub galli cantum consultor ubi ostia pulsat.   10
ille, datis vadibus qui rure extractus in urbem est,
solos felices viventis clamat in urbe.
cetera de genere hoc, adeo sunt multa, loquacem

a = aBDEM] sermonvm] eclogarvm V¹ evanidis characteribus
(Cruquius p. 308): EPLARVM suspicor. ‘Quamvis Saturam esse opus
suum Horatius ipse confiteatur . . . tamen proprios titulos voluit ei
accommodare. Nam hos priores duos libros Sermonum, posteriores
Epistularum inscribens in Sermonum nomine vult intellegi quasi apud
praesentem se loqui, Epistulas vero quasi ad absentes missas' Porph.

I 1 Quid E¹   2 sors B   ulla Eψ¹   3 laude B : laudat E   10
consultor cantum B   11 rupe E‘   12 cantat B

delassare valent Fabium. ne te morer, audi
quo rem deducam. si quis deus 'en ego' dicat 15
'iam faciam quod vultis: eris tu, qui modo miles,
mercator; tu, consultus modo, rusticus: hinc vos,
vos hinc mutatis discedite partibus: eia!
quid statis?' nolint. atqui licet esse beatis.
quid causae est merito quin illis Iuppiter ambas 20
iratus buccas inflet, neque se fore posthac
tam facilem dicat, votis ut praebeat aurem?
praeterea ne sic ut qui iocularia ridens
percurram: quamquam ridentem dicere verum
quid vetat? ut pueris olim dant crustula blandi 25
doctores, elementa velint ut discere prima:
sed tamen amoto quaeramus seria ludo:
ille gravem duro terram qui vertit aratro,
perfidus hic caupo, miles nautaeque per omne
audaces mare qui currunt, hac mente laborem 30
sese ferre, senes ut in otia tuta recedant,
aiunt, cum sibi sint congesta cibaria: sicut
parvula—nam exemplo est—magni formica laboris
ore trahit quodcumque potest atque addit acervo
quem struit haud ignara ac non incauta futuri. 35
quae, simul inversum contristat Aquarius annum,
non usquam prorepit et illis utitur ante
quaesitis sapiens; cum te neque fervidus aestus
demoveat lucro, neque hiems, ignis, mare, ferrum,
nil obstet tibi dum ne sit te ditior alter. 40
quid iuvat immensum te argenti pondus et auri
furtim defossa timidum deponere terra?
'quod si comminuas vilem redigatur ad assem.'
at ni id fit, quid habet pulchri constructus acervus?

α = aBDEM] 19 nolent B 22-23 = 23-22 in B 23 nec φψ
24 percurrant B discere aπ 29 fervidus hic campo Bothe providus Schrader cautor Porson Schrader 38 sapiens Vβ: patiens σ
39 dimoveat δφψ 44 acervo B

milia frumenti tua triverit area centum,   45
non tuus hoc capiet venter plus ac meus: ut si
reticulum panis venalis inter onusto
forte vehas umero, nihilo plus accipias quam
qui nil portarit. vel dic quid referat intra
naturae finis viventi, iugera centum an   50
mille aret? 'at suave est ex magno tollere acervo.'
dum ex parvo nobis tantundem haurire relinquas,
cur tua plus laudes cumeris granaria nostris?
ut tibi si sit opus liquidi non amplius urna
vel cyatho, et dicas 'magno de flumine mallem   55
quam ex hoc fonticulo tantundem sumere.' eo fit
plenior ut si quos delectet copia iusto,
cum ripa simul avulsos ferat Aufidus acer.
at qui tantuli eget quanto est opus, is neque limo
turbatam haurit aquam, neque vitam amittit in undis. 60
at bona pars hominum decepta cupidine falso
'nil satis est' inquit, 'quia tanti quantum habeas sis.'
quid facias illi? iubeas miserum esse, libenter
quatenus id facit: ut quidam memoratur Athenis
sordidus ac dives, populi contemnere voces   65
sic solitus: 'populus me sibilat; at mihi plaudo
ipse domi, simul ac nummos contemplor in arca.'
Tantalus a labris sitiens fugientia captat
flumina—quid rides? mutato nomine de te
fabula narratur; congestis undique saccis   70
indormis inhians et tamquam parcere sacris
cogeris aut pictis tamquam gaudere tabellis.
nescis quo valeat nummus, quem praebeat usum?
panis ematur, holus, vini sextarius, adde
quis humana sibi doleat natura negatis.   75
an vigilare metu exanimem, noctesque diesque
formidare malos fures, incendia, servos,

α = aBDEM] 46 ac ßB : quam aEDM   50 vivent B : viventis
Chabot, puto recte   55 malim ß : malle B   57 delectat φψ   59
tantulo φψ : tanto leget B   61 at ς : ut *codd*.

ne te compilent fugientes, hoc iuvat? horum
semper ego optarim pauperrimus esse bonorum.
'at si condoluit temptatum frigore corpus,   80
aut alius casus lecto te adfixit, habes qui
adsideat, fomenta paret, medicum roget ut te
suscitet ac reddat gnatis carisque propinquis.'
non uxor salvum te vult, non filius; omnes
vicini oderunt, noti, pueri atque puellae.   85
miraris, cum tu argento post omnia ponas,
si nemo praestet quem non merearis amorem?
an si cognatos, nullo natura labore
quos tibi dat, retinere velis servareque amicos,
infelix operam perdas, ut si quis asellum   90
in Campo doceat parentem currere frenis?
denique sit finis quaerendi, cumque habeas plus
pauperiem metuas minus, et finire laborem
incipias, parto quod avebas, ne facias quod
Vmmidius quidam: non longa est fabula: dives   95
ut metiretur nummos; ita sordidus ut se
non umquam servo melius vestiret; adusque
supremum tempus ne se penuria victus
opprimeret metuebat. at hunc liberta securi
divisit mèdium, fortissima Tyndaridarum.   100
'quid mi igitur suades? ut vivam Naevius aut sic
ut Nomentanus?' pergis pugnantia secum
frontibus adversis componere: non ego avarum
cum veto te fieri vappam iubeo ac nebulonem.
est inter Tanain quiddam socerumque Viselli.   105
est modus in rebus, sunt certi denique fines,
quos ultra citraque nequit consistere rectum.
illuc unde abii redeo, qui nemo, ut avarus,

α = aBDEM] 78 om. B   79 optarem α   malorum B   81
adflixit ⌙: adflixit codd.   83 gnatis reddat δ   84 te vult salvum
D   88 at δψψ: ut α: an sic cod. Goth., fort. vere   94 habebas βB
95 qui tam Bentley   101 Maenius Glareanus   an sic B   105
beselli β   108 qui nemo ut V: nemon (ne non βD) ut cett.: qui
fiat nemo ut om. illuc nescio quis

se probet, ac potius laudet diversa sequentis,
quodque aliena capella gerat distentius uber   110
tabescat, neque se maiori pauperiorum
turbae comparet, hunc atque hunc superare laboret.
sic festinanti semper locupletior obstat,
ut, cum carceribus missos rapit ungula currus,
instat equis auriga suos vincentibus, illum   115
praeteritum temnens extremos inter euntem.
inde fit ut raro qui se vixisse beatum
dicat, et exacto contentus tempore vita
cedat uti conviva satur, reperire queamus.
iam satis est. ne me Crispini scrinia lippi   120
compilasse putes, verbum non amplius addam.

II

Ambvbaiarvm collegia, pharmacopolae,
mendici, mimae, balatrones, hoc genus omne
maestum ac sollicitum est cantoris morte Tigelli.
quippe benignus erat. contra hic, ne prodigus esse
dicatur metuens, inopi dare nolit amico,   5
frigus quo duramque famem propellere possit.
hunc si perconteris, avi cur atque parentis
praeclaram ingrata stringat malus ingluvie rem,
omnia conductis coemens obsonia nummis,
sordidus atque animi quod parvi nolit haberi,   10
respondet. laudatur ab his, culpatur ab illis.
Fufidius vappae famam timet ac nebulonis,
dives agris, dives positis in faenore nummis :
quinas hic capiti mercedes exsecat, atque
quanto perditior quisque est tanto acrius urget ;   15
nomina sectatur modo sumpta veste virili
sub patribus duris tironum. 'maxime' quis non
'Iuppiter!' exclamat simul atque audivit? 'at in se

α = aBDEM]   115 suos ßB: suis cett.   118 vitae D₁ψ   II et I
separavit solus α   II 3 tigilli ß   6 depellere ß   12 Fufidius
DEM: Fus- ß: Fut- VB   13 = A. P. 421, expunxit Sanadon   14
exigit E²δ²φ²ψ²

pro quaestu sumptum facit hic.' vix credere possis
quam sibi non sit amicus, ita ut pater ille, Terenti 20
fabula quem miserum gnato vixisse fugato
inducit, non se peius cruciaverit atque hic.
si quis nunc quaerat 'quo res haec pertinet?' illuc:
dum vitant stulti vitia, in contraria currunt.
Maltinus tunicis demissis ambulat; est qui 25
inguen ad obscenum subductis usque facetus.
pastillos Rufillus olet, Gargonius hircum.
nil medium est. sunt qui nolint tetigisse nisi illas
quarum subsuta talos tegat instita veste;
contra alius nullam nisi olenti in fornice stantem. 30
quidam notus homo cum exiret fornice, 'macte
virtute esto' inquit sententia dia Catonis,
'nam simul ac venas inflavit taetra libido,
huc iuvenes aequum est descendere, non alienas
permolere uxores.' 'nolim laudarier' inquit 35
'sic me' mirator cunni Cupiennius albi.
audire est operae pretium, procedere recte
qui moechis non vultis, ut omni parte laborent,
utque illis multo corrupta dolore voluptas
atque haec rara cadat dura inter saepe pericla. 40
hic se praecipitem tecto dedit; ille flagellis
ad mortem caesus; fugiens hic decidit acrem
praedonum in turbam; dedit hic pro corpore nummos;
hunc perminxerunt calones; quin etiam illud
accidit, ut quidam testis caudamque salacem 45
demeteret ferro. 'iure' omnes; Galba negabat.
tutior at quanto merx est in classe secunda,
libertinarum dico, Sallustius in quas
non minus insanit quam qui moechatur. at hic si
qua res, qua ratio suaderet, quaque modeste 50

α = aBDEM] 19 hoc δφψ 25 Malt(h)inus βB: Malch- (Mach-
E) cett. 27 Buccillus *Seneca* gorgonius φψ² 28 nolunt aDφ
34 huc aπ: hac δφψ 38 moechos φψ 40 rata Eφψ 49 at ς:
ut *codd.*

munifico esse licet, vellet bonus atque benignus
esse, daret quantum satis esset nec sibi damno
dedecorique foret. verum hoc se amplectitur uno,
hoc amat et laudat: 'matronam nullam ego tango.'
ut quondam Marsaeus, amator Originis ille,   55
qui patrium mimae donat fundumque laremque,
'nil fuerit mi' inquit 'cum uxoribus umquam alienis.'
verum est cum mimis, est cum meretricibus, unde
fama malum gravius quam res trahit. an tibi abunde
personam satis est, non illud quidquid ubique   60
officit evitare? bonam deperdere famam,
rem patris oblimare, malum est ubicumque. quid inter
est in matrona, ancilla, peccesne togata?
Villius in Fausta Sullae gener, hoc miser uno
nomine deceptus, poenas dedit usque superque   65
quam satis est, pugnis caesus ferroque petitus,
exclusus fore cum Longarenus foret intus.
huic si mutonis verbis mala tanta videnti
diceret haec animus: 'quid vis tibi? numquid ego a te
magno prognatum deposco consule cunnum   70
velatumque stola mea cum conferbuit ira?'
quid responderet? 'magno patre nata puella est.'
at quanto meliora monet pugnantiaque istis
dives opis natura suae, tu si modo recte
dispensare velis ac non fugienda petendis   75
immiscere. tuo vitio rerumne labores
nil referre putas? quare, ne paeniteat te,
desine matronas sectarier, unde laboris
plus haurire mali est quam ex re decerpere fructus.
nec magis huic inter niveos viridisque lapillos—   80
sit licet hoc, Cerinthe, tuum—tenerum est femur aut crus
rectius, atque etiam melius persaepe togatae est.
adde huc quod mercem sine fucis gestat, aperte

α = *aBDEM*]   51 munificum ß   63 -ne ς: -ve *codd.*   70
cognatum *B*   70 *sqq.* ß = δφψ   71 ferbuit φ¹ψ¹δ¹   78 matr.
sectarier *EM*δ: sectari matr. *cett.*   82 est *add.* ς: *om.* αß

139

quod venale habet ostendit, nec si quid honesti est,
iactat habetque palam, quaerit quo turpia celet.   85
regibus hic mos est: ubi equos mercantur opertos
inspiciunt, ne si facies ut saepe decora
molli fulta pede est emptorem inducat hiantem,
quod pulchrae clunes, breve quod caput, ardua cervix.
hoc illi recte: ne corporis optima Lyncei   90
contemplere oculis, Hypsaea caecior illa
quae mala sunt spectes. 'o crus! o bracchia!' verum
depugis, nasuta, brevi latere ac pede longo est.
matronae praeter faciem nil cernere possis,
cetera, ni Catia est, demissa veste tegentis.   95
si interdicta petes, vallo circumdata—nam te
hoc facit insanum,—multae tibi tum officient res,
custodes, lectica, ciniflones, parasitae,
ad talos stola demissa et circumdata palla,
plurima, quae invideant pure apparere tibi rem.   100
altera, nil obstat: Cois tibi paene videre est
ut nudam, ne crure malo, ne sit pede turpi;
metiri possis oculo latus. an tibi mavis
insidias fieri pretiumque avellier ante
quam mercem ostendi? 'leporem venator ut alta   105
in nive sectetur, positum sic tangere nolit'
cantat, et apponit 'meus est amor huic similis; nam
transvolat in medio posita et fugientia captat.'
hiscine versiculis speras tibi posse dolores
atque aestus curasque gravis e pectore pelli?   110
nonne cupidinibus statuat natura modum quem,
quid latura sibi quid sit dolitura negatum,
quaerere plus prodest et inane abscindere soldo?
num tibi cum fauces urit sitis, aurea quaeris
pocula? num esuriens fastidis omnia praeter   115

α = aBDEM] 86 *Hinc novus Serm. in* ßD Thraecibus *Kiessling*
90 lynceis D²Eφψ   ς7 dum ß   officiunt φψ   99 palla] nam
te ß   100 *om.* δ: 99–100 = 100–99 *in* φψ   110 tolli VB   114
sqq. ß = φψ

pavonem rhombumque ? tument tibi cum inguina, num si
ancilla aut verna est praesto puer, impetus in quem
continuo fiat, malis tentigine rumpi ?
non ego : namque parabilem amo venerem facilemque.
illam 'post paulo : sed pluris : si exierit vir '   120
Gallis, hanc Philodemus ait sibi quae neque magno
stet pretio neque cunctetur cum est iussa venire.
candida rectaque sit ; munda hactenus ut neque longa
nec magis alba velit quam dat natura videri.
haec ubi supposuit dextro corpus mihi laevum   125
Ilia et Egeria est : do nomen quodlibet illi,
nec vereor ne dum futuo vir rure recurrat,
ianua frangatur, latret canis, undique magno
pulsa domus strepitu resonet, vae pallida lecto
desiliat mulier, miseram se conscia clamet,   130
cruribus haec metuat, doti deprensa, egomet mi.
discincta tunica fugiendum est ac pede nudo,
ne nummi pereant aut puga aut denique fama.
deprendi miserum est ; Fabio vel iudice vincam.

III

OMNIBVS hoc vitium est cantoribus, inter amicos
ut numquam inducant animum cantare rogati,
iniussi numquam desistant. Sardus habebat
ille Tigellius hoc. Caesar, qui cogere posset,
si peteret per amicitiam patris atque suam non   5
quicquam proficeret ; si collibuisset, ab ovo
usque ad mala citaret, 'io Bacche !' modo summa
voce, modo hac resonat quae chordis quattuor ima.
nil aequale homini fuit illi ; saepe velut qui
currebat fugiens hostem, persaepe velut qui   10

a = aBDEM] 117 praesto aut puer ß   121 Philodamus ß   124
det ßD   127 nec metuo ß   dum facio ς   129 ne Bentley vepal-
lida agnoscit Acr.   130 dissiliat ß   133 pygae ß   III 7 iteraret
Bentley   Bacchae BE : Baccheu Hirschfelder   8 resonet ψ

Iunonis sacra ferret; habebat saepe ducentos,
saepe decem servos; modo reges atque tetrarchas,
omnia magna loquens, modo 'sit mihi mensa tripes et
concha salis puri et toga quae defendere frigus
quamvis crassa queat.' decies centena dedisses   15
huic parco, paucis contento, quinque diebus
nil erat in loculis; noctes vigilabat ad ipsum
mane, diem totum stertebat; nil fuit umquam
sic impar sibi. nunc aliquis dicat mihi 'quid tu?
nullane habes vitia?' immo alia et fortasse minora.   20
Maenius absentem Novium cum carperet, 'heus tu'
quidam ait, 'ignoras te, an ut ignotum dare nobis
verba putas?' 'egomet mi ignosco' Maenius inquit.
stultus et improbus hic amor est dignusque notari.
cum tua pervideas oculis mala lippus inunctis,   25
cur in amicorum vitiis tam cernis acutum
quam aut aquila aut serpens Epidaurius? at tibi contra
evenit, inquirant vitia ut tua rursus et illi.
iracundior est paulo, minus aptus acutis
naribus horum hominum; rideri possit eo quod   30
rusticius tonso toga defluit et male laxus
in pede calceus haeret: at est bonus, ut melior vir
non alius quisquam, at tibi amicus, at ingenium ingens
inculto latet hoc sub corpore. denique te ipsum
concute num qua tibi vitiorum inseverit olim   35
natura aut etiam consuetudo mala; namque
neglectis urenda filix innascitur agris.
illuc praevertamur, amatorem quod amicae
turpia decipiunt caecum vitia, aut etiam ipsa haec
delectant, veluti Balbinum polypus Hagnae.   40
vellem in amicitia sic erraremus, et isti
errori nomen virtus posuisset honestum.
at pater ut gnati sic nos debemus amici

a = aBDEM]   20 om. B   25 praevideas ⲋ   27 at ⲋ: ac *codd.*
29 actus β   aduncis *Bentley*   34 pectore β   35 insederit β
38 amici β   43 ac a   amicis B

si quod sit vitium non fastidire : strabonem
appellat paetum pater, et pullum, male parvus   45
si cui filius est, ut abortivus fuit olim
Sisyphus ; hunc varum distortis cruribus, illum
balbutit scaurum pravis fultum male talis.
parcius hic vivit : frugi dicatur. ineptus
et iactantior hic paulo est : concinnus amicis   50
postulat ut videatur. at est truculentior atque
plus aequo liber : simplex fortisque habeatur.
caldior est : acris inter numeretur. opinor,
haec res et iungit iunctos et servat amicos.
at nos virtutes ipsas invertimus atque   55
sincerum cupimus vas incrustare. probus quis
nobiscum vivit, multum demissus homo : illi
tardo cognomen, pingui, damus. hic fugit omnis
insidias nullique malo latus obdit apertum,
cum genus hoc inter vitae versetur ubi acris ·   60
invidia atque vigent ubi crimina : pro bene sano
ac non incauto fictum astutumque vocamus.
simplicior quis et est qualem me saepe libenter
obtulerim tibi, Maecenas, ut forte legentem
aut tacitum impellat quovis sermone molestus :   65
' communi sensu plane caret ' inquimus. eheu,
quam temere in nosmet legem sancimus iniquam !
nam vitiis nemo sine nascitur : optimus ille est
qui minimis urgetur. amicus dulcis ut aequum est
cum mea compenset vitiis bona, pluribus hisce—   70
si modo plura mihi bona sunt—inclinet, amari
si volet : hac lege in trutina ponetur eadem.
qui ne tuberibus propriis offendat amicum
postulat, ignoscet verrucis illius ; aequum est
peccatis veniam poscentem reddere rursus.   75
denique, quatenus excidi penitus vitium irae,

α=*aBDEM*] 52–55 *om. B*   56 fugimus *B*   incurtare α   57
ille *V*   60 versemur *V*   64 aut (haut) ß   65 impediat *Bentley*
modestus ß   70 compensat *Sanadon*   74 ignoscat *B*   76–80 *om. B*

143

cetera item nequeunt stultis haerentia, cur non
ponderibus modulisque suis ratio utitur, ac res
ut quaeque est ita suppliciis delicta coercet?
si quis eum servum patinam qui tollere iussus   80
semesos piscis tepidumque ligurrierit ius
in cruce suffigat, Labeone insanior inter
sanos dicatur. quanto hoc furiosius atque
maius peccatum est! paulum deliquit amicus,
quod nisi concedas habeare insuavis : acerbus   85
odisti et fugis ut Rusonem debitor aeris,
qui nisi, cum tristes misero venere Kalendae,
mercedem aut nummos unde unde extricat, amaras
porrecto iugulo historias captivus ut audit.
comminxit lectum potus mensave catillum   90
Euandri manibus tritum deiecit, ob hanc rem,
aut positum ante mea quia pullum in parte catini
sustulit esuriens, minus hoc iucundus amicus
sit mihi? quid faciam si furtum fecerit, aut si
prodiderit commissa fide sponsumve negarit?   95
quis paria esse fere placuit peccata, laborant
cum ventum ad verum est; sensus moresque repugnant
atque ipsa utilitas, iusti prope mater et aequi.
cum prorepserunt primis animalia terris,
mutum et turpe pecus, glandem atque cubilia propter   100
unguibus et pugnis, dein fustibus, atque ita porro
pugnabant armis quae post fabricaverat usus,
donec verba quibus voces sensusque notarent
nominaque invenere ; dehinc absistere bello,
oppida coeperunt munire, et ponere leges,   105
ne quis fur esset, neu latro, neu quis adulter.
nam fuit ante Helenam cunnus taeterrima belli
causa, sed ignotis perierunt mortibus illi,
quos venerem incertam rapientis more ferarum
viribus editior caedebat ut in grege taurus.   110

a = aBDEM]   82 Labieno *Bentley*   83 hoc *om. EM punxit* V
84, 85, 92 *om.* B   85 insuavis acerbus; *Doederlein*   91 proiecit B
92 me ß

iura inventa metu iniusti fateare necesse est,
tempora si fastosque velis evolvere mundi.
nec natura potest iusto secernere iniquum,
dividit ut bona diversis, fugienda petendis ;
nec vincet ratio hoc, tantundem ut peccet idemque   115
qui teneros caulis alieni fregerit horti
et qui nocturnus sacra divum legerit. adsit
regula, peccatis quae poenas irroget aequas,
ne scutica dignum horribili sectere flagello.
nam ut ferula caedas meritum maiora subire   120
verbera non vereor, cum dicas esse pares res
furta latrociniis, et magnis parva mineris
falce recisurum simili te, si tibi regnum
permittant homines. si dives, qui sapiens est,
et sutor bonus et solus formosus et est rex,   125
cur optas quod habes ? 'non nosti quid pater' inquit
'Chrysippus dicat : sapiens crepidas sibi numquam
nec soleas fecit ; sutor tamen est sapiens.' qui ?
'ut quamvis tacet Hermogenes cantor tamen atque
optimus est modulator ; ut Alfenus vafer, omni   130
abiecto instrumento artis clausaque taberna,
tonsor erat, sapiens operis sic optimus omnis
est opifex solus, sic rex.' vellunt tibi barbam
lascivi pueri ; quos tu nisi fuste coerces
urgeris turba circum te stante miserque   135
rumperis et latras, magnorum maxime regum.
ne longum faciam : dum tu quadrante lavatum
rex ibis neque te quisquam stipator ineptum
praeter Crispinum sectabitur, et mihi dulces
ignoscent, si quid peccaro stultus, amici,   140
inque vicem illorum patiar delicta libenter,
privatusque magis vivam te rege beatus.

α = aBDEM (135 sqq. = aDEM)]   117 divum sacra a   120-121
fort. nam, ut . . . meritum, maiora . . . non mereor   128 qui B :
quo cett.   131 clausaque ustrina V   132 tonsor V : sutor aβ :
fort. ustor   134 hinc deficit B   139 at ς

IV

EVPOLIS atque Cratinus Aristophanesque poetae,
atque alii quorum comoedia prisca virorum est,
si quis erat dignus describi quod malus ac fur,
quod moechus foret aut sicarius aut alioqui
famosus, multa cum libertate notabant.   5
hinc omnis pendet Lucilius, hosce secutus
mutatis tantum pedibus numerisque ; facetus,
emunctae naris, durus componere versus :
nam fuit hoc vitiosus : in hora saepe ducentos,
ut magnum, versus dictabat stans pede in uno :   10
cum flueret lutulentus, erat quod tollere velles :
garrulus atque piger scribendi ferre laborem,
scribendi recte : nam ut multum, nil moror. ecce
Crispinus minimo me provocat : 'accipe, si vis,
accipe iam tabulas ; detur nobis locus, hora,   15
custodes ; videamus uter plus scribere possit.'
di bene fecerunt inopis me quodque pusilli
finxerunt animi, raro et perpauca loquentis :
at tu conclusas hircinis follibus auras,
usque laborantis dum ferrum molliat ignis,   20
ut mavis imitare. beatus Fannius ultro
delatis capsis et imagine, cum mea nemo
scripta legat vulgo recitare timentis ob hanc rem,
quod sunt quos genus hoc minime iuvat, utpote pluris
culpari dignos. quemvis media elige turba :   25
aut ob avaritiam aut misera ambitione laborat :
hic nuptarum insanit amoribus, hic puerorum ;
hunc capit argenti splendor ; stupet Albius aere ;
hic mutat merces surgente a sole ad eum quo
vespertina tepet regio, quin per mala praeceps   30

α = aDEM] IV 14 nummo *Bentley*   15 accipiam β   dentur β
25 erue β : eripe *V* : arripe *Bentley*   26 ab avaritia ⌐   miser
(om. ψ¹) β   30 patet β

fertur uti pulvis collectus turbine, ne quid
summa deperdat metuens aut ampliet ut rem :
omnes hi metuunt versus, odere poetas.
'faenum habet in cornu ; longe fuge : dummodo risum
excutiat, sibi non, non cuiquam parcet amico ;   35
et quodcumque semel chartis illeverit, omnis
gestiet a furno redeuntis scire lacuque,
et pueros et anus.' agedum, pauca accipe contra.
primum ego me illorum dederim quibus esse poetas
excerpam numero : neque enim concludere versum   40
dixeris esse satis ; neque si qui scribat uti nos
sermoni propiora, putes hunc esse poetam.
ingenium cui sit, cui mens divinior atque os
magna sonaturum, des nominis huius honorem.
idcirco quidam comoedia necne poema   45
esset quaesivere, quod acer spiritus ac vis
nec verbis nec rebus inest, nisi quod pede certo
differt sermoni, sermo merus.   'at pater ardens
saevit, quod meretrice nepos insanus amica
filius uxorem grandi cum dote recuset,   50
ebrius et, magnum quod dedecus, ambulet ante
noctem cum facibus.' numquid Pomponius istis
audiret leviora, pater si viveret ? ergo
non satis est puris versum perscribere verbis,
quem si dissolvas, quivis stomachetur eodem   55
quo personatus pacto pater. his, ego quae nunc,
olim quae scripsit Lucilius, eripias si
tempora certa modosque, et quod prius ordine verbum est
posterius facias, praeponens ultima primis,
non, ut si solvas 'postquam Discordia taetra   60
Belli ferratos postis portasque refregit,'
invenias etiam disiecti membra poetae.

α = aDEM]   35 *interpunxit Sudhaus*   non, non ß : non hic α
39 poetis ς   41 quis *M*   49 insanit ß   50 grandem ß¹   5²
numqui *EM*   54 pueris verbum ß¹   58 versum ß

hactenus haec : alias iustum sit necne poema,
nunc illud tantum quaeram, meritone tibi sit
suspectum genus hoc scribendi. Sulcius acer   65
ambulat et Caprius, rauci male cumque libellis,
magnus uterque timor latronibus; at bene si quis
et vivat puris manibus contemnat utrumque.
ut sis tu similis Caeli Birrique latronum,
non ego sim Capri neque Sulci ; cur metuas me ?   70
nulla taberna meos habeat neque pila libellos,
quis manus insudet vulgi Hermogenisque Tigelli.
nec recito cuiquam nisi amicis, idque coactus,
non ubivis coramve quibuslibet. in medio qui
scripta foro recitent sunt multi quique lavantes :   75
suave locus voci resonat conclusus. inanis
hoc iuvat, haud illud quaerentis, num sine sensu,
tempore num faciant alieno. ' laedere gaudes '
inquit, ' et hoc studio pravus facis.' unde petitum
hoc in me iacis ? est auctor quis denique eorum   80
vixi cum quibus ? absentem qui rodit amicum,
qui non defendit alio culpante, solutos
qui captat risus hominum famamque dicacis,
fingere qui non visa potest, commissa tacere
qui nequit, hic niger est, hunc tu, Romane, caveto.   85
saepe tribus lectis videas cenare quaternos,
e quibus unus amet quavis aspergere cunctos
praeter eum qui praebet aquam ; post hunc quoque potus,
condita cum verax aperit praecordia Liber.
hic tibi comis et urbanus liberque videtur,   90
infesto nigris. ego si risi quod ineptus
pastillos Rufillus olet, Gargonius hircum,
lividus et mordax videor tibi ? mentio si quae

a = aDEM]   64 nunc] nec E   65 Sulgius β   69 et ϛ   70 sum
ϛ   Sulgi β   73 non β   recitem ϛ   quicquam ϛ   79 inquis
βM   87 imus β   amet ϛ : avet (novet ψ¹) aβ   quamvis EM
92 gorgonius β   93 si qua βM

de Capitolini furtis iniecta Petilli
te coram fuerit, defendas ut tuus est mos :   95
' me Capitolinus convictore usus amicoque
a puero est, causaque mea permulta rogatus
fecit, et incolumis laetor quod vivit in urbe ;
sed tamen admiror, quo pacto iudicium illud
fugerit.' hic nigrae sucus lolliginis, haec est   100
aerugo mera : quod vitium procul afore chartis
atque animo, prius ut, si quid promittere de me
possum aliud vere, promitto. liberius si
dixero quid, si forte iocosius, hoc mihi iuris
cum venia dabis : insuevit pater optimus hoc me,   105
ut fugerem exemplis vitiorum quaeque notando.
cum me hortaretur, parce, frugaliter, atque
viverem uti contentus eo quod mi ipse parasset,
' nonne vides Albi ut male vivat filius, utque
Baius inops ? magnum documentum ne patriam rem 110
perdere quis velit ' : a turpi meretricis amore
cum deterreret, ' Scetani dissimilis sis ' :
ne sequerer · moechas concessa cum venere uti
possem, ' deprensi non bella est fama Treboni '
aiebat : ' sapiens, vitatu quidque petitu   115
sit melius, causas reddet tibi : mi satis est si
traditum ab antiquis morem servare tuamque,
dum custodis eges, vitam famamque tueri
incolumem possum ; simul ac duraverit aetas
membra animumque tuum, nabis sine cortice.' sic me 120
formabat puerum dictis ; et sive iubebat
ut facerem quid, ' habes auctorem quo facias hoc ' ;
unum ex iudicibus selectis obiciebat ;
sive vetabat, ' an hoc inhonestum et inutile factu
necne sit addubites, flagret rumore malo cum   125

α = *aDEM* (122 *sqq.* = *aCDEM*)] 94 Capitolini *aD²Mψ²* : -is *cett.*
102 *interpunxit Housman* 110 Barus **β** 111 a *aDφ²* : at *M* : aut
β*E* 116 sed mihi sat si *a* 123 selectis *aCD* : electis **β***M* : electi *E*
124 factu *Cψ* : -um *cett.* 125 at dubites *E* : an dubitet (-es *C¹*) *C*

hic atque ille?' avidos vicinum funus ut aegros
exanimat mortisque metu sibi parcere cogit,
sic teneros animos aliena opprobria saepe
absterrent vitiis. ex hoc ego sanus ab illis,
perniciem quaecumque ferunt, mediocribus et quis   130
ignoscas vitiis teneor. fortassis et istinc
largiter abstulerit longa aetas, liber amicus,
consilium proprium: neque enim, cum lectulus aut me
porticus excepit, desum mihi: 'rectius hoc est:
hoc faciens vivam melius: sic dulcis amicis   135
occurram: hoc quidam non belle; numquid ego illi
imprudens olim faciam simile?' haec ego mecum
compressis agito labris; ubi quid datur oti
illudo chartis. hoc est mediocribus illis
ex vitiis unum; cui si concedere nolis,   140
multa poetarum veniat manus auxilio quae
sit mihi (nam multo plures sumus), ac veluti te
Iudaei cogemus in hanc concedere turbam.

V

EGRESSVM magna me accepit Aricia Roma
hospitio modico: rhetor comes Heliodorus,
Graecorum longe doctissimus; inde Forum Appi,
differtum nautis, cauponibus atque malignis.
hoc iter ignavi divisimus, altius ac nos   5
praecinctis unum: minus est gravis Appia tardis.
hic ego propter aquam, quod erat deterrima, ventri
indico bellum, cenantis haud animo aequo
exspectans comites. iam nox inducere terris
umbras et caelo diffundere signa parabat.   10
tum pueri nautis, pueris convicia nautae

   a = aCDEM] 126 vides ß   131 ignoscat ß   132 abstulerit
ßCD²: -int aDEM   139 incumbo ß   V 1 excepit VßD   3
linguae ßa²

ingerere. 'huc appelle!' 'trecentos inseris: ohe
iam satis est!' dum aes exigitur, dum mula ligatur,
tota abit hora. mali culices ranaeque palustres
avertunt somnos, absentem ut cantat amicam   15
multa prolutus vappa nauta atque viator
certatim: tandem fessus dormire viator
incipit, ac missae pastum retinacula mulae
nauta piger saxo religat stertitque supinus.
iamque dies aderat, nil cum procedere lintrem   20
sentimus, donec cerebrosus prosilit unus
ac mulae nautaeque caput lumbosque saligno
fuste dolat. quarta vix demum exponimur hora.
ora manusque tua lavimus, Feronia, lympha.
milia tum pransi tria repimus atque subimus   25
impositum saxis late candentibus Anxur.
huc venturus erat Maecenas optimus atque
Cocceius, missi magnis de rebus uterque
legati, aversos soliti componere amicos.
hic oculis ego nigra meis collyria lippus   30
illinere. interea Maecenas advenit atque
Cocceius Capitoque simul Fonteius, ad unguem
factus homo, Antoni non ut magis alter amicus.
Fundos Aufidio Lusco praetore libenter
linquimus, insani ridentes praemia scribae,   35
praetextam et latum clavum prunaeque vatillum.
in Mamurrarum lassi deinde urbe manemus,
Murena praebente domum, Capitone culinam.
postera lux oritur multo gratissima; namque
Plotius et Varius Sinuessae Vergiliusque   40
occurrunt, animae qualis neque candidiores
terra tulit neque quis me sit devinctior alter.
o qui complexus et gaudia quanta fuerunt!
nil ego contulerim iucundo sanus amico.
proxima Campano ponti quae villula, tectum   45

a = aCDEM] 15 ut om. CD   39 proxima a   40 varus ß
44 praetulerim C

praebuit, et parochi quae debent ligna salemque.
hinc muli Capuae clitellas tempore ponunt.
lusum it Maecenas, dormitum ego Vergiliusque ;
namque pila lippis inimicum et ludere crudis.
hinc nos Coccei recipit plenissima villa,   50
quae super est Caudi cauponas. nunc mihi paucis
Sarmenti scurrae pugnam Messique Cicirri,
Musa, velim memores, et quo patre natus uterque
contulerit litis. Messi clarum genus Osci ;
Sarmenti domina exstat : ab his maioribus orti   55
ad pugnam venere. prior Sarmentus : ' equi te
esse feri similem dico.' ridemus, et ipse
Messius ' accipio,' caput et movet. ' o, tua cornu
ni foret exsecto frons ' inquit, ' quid faceres, cum
sic mutilus minitaris ? ' at illi foeda cicatrix   60
saetosam laevi frontem turpaverat oris.
Campanum in morbum, in faciem permulta iocatus,
pastorem saltaret uti Cyclopa rogabat :
nil illi larva aut tragicis opus esse cothurnis.
multa Cicirrus ad haec : donasset iamne catenam   65
ex voto Laribus, quaerebat ; scriba quod esset,
nilo deterius dominae ius esse. rogabat
denique cur umquam fugisset, cui satis una
farris libra foret, gracili sic tamque pusillo.
prorsus iucunde cenam producimus illam.   70
tendimus hinc recta Beneventum ; ubi sedulus hospes
paene macros arsit dum turdos versat in igni :
nam vaga per veterem dilapso flamma culinam
Vulcano summum properabat lambere tectum.
convivas avidos cenam servosque timentis   75
tum rapere, atque omnis restinguere velle videres.
incipit ex illo montis Apulia notos

a = *aCDEM*] 51 Caudi *D* : claudi *cett.*   52 cicerri B*D*   60
minitaris B*aC* : -eris *DEM*   64 barba *D*¹φ²   67 nihilo aB deterius
nihilo *M*   domice *E* : domini *C*   vis *E*   71 recte B*D*   73
delapso B*C*

ostentare mihi, quos torret Atabulus et quos
numquam erepsemus, nisi nos vicina Trivici
villa recepisset, lacrimoso non sine fumo,　　　　　80
udos cum foliis ramos urente camino.
hic ego mendacem stultissimus usque puellam
ad mediam noctem exspecto: somnus tamen aufert
intentum Veneri; tum immundo somnia visu
nocturnam vestem maculant ventremque supinum.　85
quattuor hinc rapimur viginti et milia raedis,
mansuri oppidulo quod versu dicere non est,
signis perfacile est: venit vilissima rerum
hic aqua; sed panis longe pulcherrimus, ultra
callidus ut soleat umeris portare viator;　　　　90
nam Canusi lapidosus, aquae non ditior urna
qui locus a forti Diomede est conditus olim.
flentibus hinc Varius discedit maestus amicis.
inde Rubos fessi pervenimus, utpote longum
carpentes iter et factum corruptius imbri.　　　95
postera tempestas melior, via peior adusque
Bari moenia piscosi; dein Gnatia Lymphis
iratis exstructa dedit risusque iocosque,
dum flamma sine tura liquescere limine sacro
persuadere cupit. credat Iudaeus Apella,　　　　100
non ego: namque deos didici securum agere aevum,
nec si quid miri faciat natura, deos id
tristis ex alto caeli demittere tecto.
Brundisium longae finis chartaeque viaeque est.

VI

NON quia, Maecenas, Lydorum quidquid Etruscos
incoluit finis nemo generosior est te,
nec quod avus tibi maternus fuit atque paternus
olim qui magnis legionibus imperitarent,

α = αCDEM] 　78 terret CE 　　79 tricivi D¹E 　　92 *damnat*
Bentley 　97 dehinc βD² 　gratia βD 　　103 dimittere DE 　VI 4
imperitarint α

ut plerique solent, naso suspendis adunco 5
ignotos, ut me libertino patre natum.
cum referre negas quali sit quisque parente
natus, dum ingenuus, persuades hoc tibi vere,
ante potestatem Tulli atque ignobile regnum
multos saepe viros nullis maioribus ortos 10
et vixisse probos, amplis et honoribus auctos ;
contra Laevinum, Valeri genus, unde superbus
Tarquinius regno pulsus fugit, unius assis
non umquam pretio pluris licuisse, notante
iudice quo nosti populo, qui stultus honores 15
saepe dat indignis et famae servit ineptus,
qui stupet in titulis et imaginibus. quid oportet
nos facere a vulgo longe longeque remotos?
namque esto populus Laevino mallet honorem
quam Decio mandare novo, censorque moveret 20
Appius, ingenuo si non essem patre natus :
vel merito, quoniam in propria non pelle quiessem.
sed fulgente trahit constrictos Gloria curru
non minus ignotos generosis. quo tibi, Tilli,
sumere depositum clavum fierique tribuno? 25
invidia accrevit, privato quae minor esset.
nam ut quisque insanus nigris medium impediit crus
pellibus et latum demisit pectore clavum,
audit continuo 'quis homo hic est? quo patre natus?'
ut si qui aegrotet quo morbo Barrus, haberi 30
et cupiat formosus, eat quacumque, puellis
iniciat curam quaerendi singula, quali
sit facie, sura, quali pede, dente, capillo :
sic qui promittit civis, urbem sibi curae,
imperium fore et Italiam, delubra deorum, 35

α = aCDEM] 6 ut D : aut ßaM : aut (at E) ut CE   natum ßD²M :
natus CD¹ : natos aE   13 pulsus regno C   fuit E   27 impediit
ς : impediet aß   28 dimisit DE   29 et ßC   30 et φψ²   quis
E¹   varrus ß   32 inliciat C   33 sura quali, pede Schmid

quo patre sit natus, num ignota matre inhonestus,
omnis mortalis curare et quaerere cogit.
'tune Syri, Damae, aut Dionysi filius, audes
deicere de saxo civis aut tradere Cadmo?'
'at Novius collega gradu post me sedet uno;   40
namque est ille, pater quod erat meus.' 'hoc tibi Pauļus
et Messalla videris? at hic, si plaustra ducenta
concurrantque foro tria funera, magna sonabit
cornua quod vincatque tubas; saltem tenet hoc nos.'
nunc ad me redeo libertino patre natum,   45
quem rodunt omnes libertino patre natum,
nunc quia sim tibi, Maecenas, convictor; at olim
quod mihi pareret legio Romana tribuno.
dissimile hoc illi est; quia non, ut forsit honorem
iure mihi invideat quivis, ita te quoque amicum,   50
praesertim cautum dignos adsumere, prava
ambitione procul. felicem dicere non hoc
me possim, casu quod te sortitus amicum;
nulla etenim mihi te fors obtulit: optimus olim
Vergilius, post hunc Varius, dixere quid essem.   55
ut veni coram, singultim pauca locutus,
infans namque pudor prohibebat plura profari,
non ego me claro natum patre, non ego circum
me Satureiano vectari rura caballo,
sed quod eram narro. respondes, ut tuus est mos,   60
pauca: abeo; et revocas nono post mense iubesque
esse in amicorum numero. magnum hoc ego duco
quod placui tibi, qui turpi secernis honestum,
non patre praeclaro sed vita et pectore puro.
atqui si vitiis mediocribus ac mea paucis   65
mendosa est natura alioquin recta, velut si
egregio inspersos reprehendas corpore naevos;

α=aDEM (in 36–40=aCDEM)]   37 cogit ና : cogat (-et C?) αβ
46 natus aD   47 sum D   55 varus β   esset E   58 clarum
aEM   65 aut (at φ²) mea β   66 alioqui β

si neque avaritiam neque sordis nec mala lustra
obiciet vere quisquam mihi, purus et insons
(ut me collaudem) si et vivo carus amicis;   70
causa fuit pater his, qui macro pauper agello
noluit in Flavi ludum me mittere, magni
quo pueri magnis e centurionibus orti,
laevo suspensi loculos tabulamque lacerto,
ibant octonos referentes Idibus aeris: 75
sed puerum est ausus Romam portare, docendum
artis quas doceat quivis eques atque senator
semet prognatos.   vestem servosque sequentis,
in magno ut populo, si qui vidisset, avita
ex re praeberi sumptus mihi crederet illos.   80
ipse mihi custos incorruptissimus omnes
circum doctores aderat.   quid multa? pudicum,
qui primus virtutis honos, servavit ab omni
non solum facto, verum opprobrio quoque turpi;
nec timuit sibi ne vitio quis verteret olim   85
si praeco parvas aut, ut fuit ipse, coactor
mercedes sequerer; neque ego essem questus: at hoc nunc
laus illi debetur et a me gratia maior.
nil me paeniteat sanum patris huius, eoque
non, ut magna dolo factum negat esse suo pars,   90
quod non ingenuos habeat clarosque parentis,
sic me defendam.   longe mea discrepat istis
et vox et ratio: nam si natura iuberet
a certis annis aevum remeare peractum
atque alios legere ad fastum quoscumque parentis,   95
optaret sibi quisque, meis contentus honestos
fascibus et sellis nollem mihi sumere, demens
iudicio vulgi, sanus fortasse tuo, quod

α = *aDEM*] 68 nec mala *V*: ac mala *codd.*: aut mala *Bentley* 73
e] et β*a*: *om.* *E*   75 octonis . . . aera β*D²M*   83 servabat β   8₇
ego *om.* *D*   at 5: ad (ab *D²*) αβ   91 exiguos *E*   94 teneris
Boot   96 si quisque β

nollem onus haud umquam solitus portare molestum.
nam mihi continuo maior quaerenda foret res,   100
atque salutandi plures, ducendus et unus
et comes alter uti ne solus rusve peregreve
exirem; plures calones atque caballi
pascendi, ducenda petorrita. nunc mihi curto
ire licet mulo vel si libet usque Tarentum,   105
mantica cui lumbos onere ulceret atque eques armos :
obiciet nemo sordis mihi quas tibi, Tilli,
cum Tiburte via praetorem quinque sequuntur
te pueri lasanum portantes oenophorumque.
hoc ego commodius quam tu, praeclare senator,   110
milibus atque aliis vivo. quacumque libido est,
incedo solus; percontor quanti holus ac far;
fallacem Circum vespertinumque pererro
saepe Forum; adsisto divinis; inde domum me
ad porri et ciceris refero laganique catinum;   115
cena ministratur pueris tribus, et lapis albus
pocula cum cyatho duo sustinet; adstat echinus
vilis, cum patera gutus, Campana supellex.
deinde eo dormitum, non sollicitus mihi quod cras
surgendum sit mane, obeundus Marsya, qui se   120
vultum ferre negat Noviorum posse minoris.
ad quartam iaceo; post hanc vagor, aut ego lecto
aut scripto quod me tacitum iuvet unguor olivo,
non quo fraudatis immundus Natta lucernis.
ast ubi me fessum sol acrior ire lavatum   125
admonuit, fugio Campum lusumque trigonem.
pransus non avide, quantum interpellet inani
ventre diem durare, domesticus otior. haec est
vita solutorum misera ambitione gravique;

a=aDEM] 101 ducendus . . . 103 plures om. E   102 peregreve ⟒ : peregre aut aß   113 vespertinusque ⟒   126 ita
V : fugio rabiosi tempora (rabido si tempore D) signi aß (quod ex
glossa ortum puto : quippe fugio Cancrum interpretabatur glossator)

his me consolor victurum suavius ac si   130
quaestor avus pater atque meus patruusque fuissent.

VII

PROSCRIPTI Regis Rupili pus atque venenum
hybrida quo pacto sit Persius ultus, opinor
omnibus et lippis notum et tonsoribus esse.
Persius hic permagna negotia dives habebat
Clazomenis, etiam litis cum Rege molestas,   5
durus homo atque odio qui posset vincere Regem,
confidens, tumidus, adeo sermonis amari,
Sisennas, Barros ut equis praecurreret albis.
ad regem redeo. postquam nihil inter utrumque
convenit (hoc etenim sunt omnes iure molesti   10
quo fortes quibus adversum bellum incidit; inter
Hectora Priamiden animosum atque inter Achillem
ira fuit capitalis ut ultima divideret mors,
non aliam ob causam nisi quod virtus in utroque
summa fuit: duo si discordia vexet inertis,   15
aut si disparibus bellum incidat, ut Diomedi
cum Lycio Glauco, discedat pigrior ultro
muneribus missis), Bruto praetore tenente
ditem Asiam, Rupili et Persi par pugnat, uti non
compositum melius cum Bitho Bacchius. in ius   20
acres procurrunt, magnum spectaculum uterque.
Persius exponit causam; ridetur ab omni
conventu; laudat Brutum laudatque cohortem:
solem Asiae Brutum appellat, stellasque salubris
appellat comites, excepto Rege; canem illum   25
invisum agricolis sidus venisse. ruebat
flumen ut hibernum fertur quo rara securis.

α = aDEM] 130 victurus ς   VII 7 tumidusque β   17 pigrior
V: pulchrior αβ (cf. i. 5. 91 ubi in ς dulcior et ditior confunduntur)
20 compositus D   21 concurrunt α

tum Praenestinus salso multoque fluenti
expressa arbusto regerit convicia, durus
vindemiator et invictus, cui saepe viator 30
cessisset magna compellans voce cuculum.
at Graecus, postquam est Italo perfusus aceto,
Persius exclamat 'per magnos, Brute, deos te
oro, qui reges consueris tollere, cur non
hunc Regem iugulas? operum hoc, mihi crede, tuorum est.' 35

VIII

OLIM truncus eram ficulnus, inutile lignum,
cum faber, incertus scamnum faceretne Priapum,
maluit esse deum.   deus inde ego, furum aviumque
maxima formido; nam fures dextra coercet
obscenoque ruber porrectus ab inguine palus; 5
ast importunas volucres in vertice harundo
terret fixa vetatque novis considere in hortis.
huc prius angustis eiecta cadavera cellis
conservus vili portanda locabat in arca;
hoc miserae plebi stabat commune sepulcrum, 10
Pantolabo scurrae Nomentanoque nepoti:
mille pedes in fronte, trecentos cippus in agrum
hic dabat: heredes monumentum ne sequeretur.
nunc licet Esquiliis habitare salubribus atque
aggere in aprico spatiari, quo modo tristes 15
albis informem spectabant ossibus agrum;
cum mihi non tantum furesque feraeque suetae
hunc vexare locum curae sunt atque labori,
quantum carminibus quae versant atque venenis
humanos animos: has nullo perdere possum 20
nec prohibere modo, simul ac vaga luna decorum
protulit os, quin ossa legant herbasque nocentis.
vidi egomet nigra succinctam vadere palla
Canidiam, pedibus nudis passoque capillo,

α = aDEM]   28 multumque β   30 vindemator aEM   VIII 1 dignum β   9 vilis β   13 sequerentur β   15 qua Bentley   18 sint D

cum Sagana maiore ululantem: pallor utrasque　　25
fecerat horrendas aspectu. scalpere terram
unguibus et pullam divellere mordicus agnam
coeperunt; cruor in fossam confusus, ut inde
manis elicerent, animas responsa daturas.
lanea et effigies erat, altera cerea: maior　　30
lanea, quae poenis compesceret inferiorem;
cerea suppliciter stabat servilibus ut quae
iam peritura modis. Hecaten vocat altera, saevam
altera Tisiphonen; serpentis atque videres
infernas errare canis, Lunamque rubentem　　35
ne foret his testis post magna latere sepulcra.
mentior at si quid, merdis caput inquiner albis
corvorum, atque in me veniat mictum atque cacatum
Iulius et fragilis Pediatia furque Voranus.
singula quid memorem, quo pacto alterna loquentes　　40
umbrae cum Sagana resonarent triste et acutum,
utque lupi barbam variae cum dente colubrae
abdiderint furtim terris, et imagine cerea
largior arserit ignis, et ut non testis inultus
horruerim voces Furiarum et facta duarum?　　45
nam displosa sonat quantum vesica pepedi
diffissa nate ficus: at illae currere in urbem.
Canidiae dentis, altum Saganae caliendrum
excidere atque herbas atque incantata lacertis
vincula cum magno risuque iocoque videres.　　50

IX

IBAM forte via Sacra, sicut meus est mos,
nescio quid meditans nugarum, totus in illis.
accurrit quidam notus mihi nomine tantum,
arreptaque manu 'quid agis, dulcissime rerum?'　　4
'suaviter, ut nunc est,' inquam, 'et cupio omnia quae vis.'

α = aDEM] 25 maiora Nauck 32 ut quae D: utque (atque E)
cett. 41 resonarint ς 48 caliandrum ß

cum adsectaretur, 'num quid vis?' occupo. at ille
'noris nos' inquit; 'docti sumus.' hic ego 'pluris
hoc' inquam 'mihi eris.' misere discedere quaerens,
ire modo ocius, interdum consistere, in aurem
dicere nescio quid puero, cum sudor ad imos   10
manaret talos. 'o te, Bolane, cerebri
felicem!' aiebam tacitus, cum quidlibet ille
garriret, vicos, urbem laudaret. ut illi
nil respondebam, 'misere cupis' inquit 'abire;
iamdudum video: sed nil agis; usque tenebo;   15
persequar hinc quo nunc iter est tibi.' 'nil opus est te
circumagi: quendam volo visere non tibi notum:
trans Tiberim longe cubat is, prope Caesaris hortos.'
'nil habeo quod agam et non sum piger: usque sequar te.'
demitto auriculas, ut iniquae mentis asellus,   20
cum gravius dorso subiit onus. incipit ille:
'si bene me novi non Viscum pluris amicum,
non Varium facies: nam quis me scribere pluris
aut citius possit versus? quis membra movere
mollius? invideat quod et Hermogenes ego canto.'   25
interpellandi locus hic erat: 'est tibi mater,
cognati, quis te salvo est opus?' 'haud mihi quisquam:
omnis composui.' 'felices! nunc ego resto.
confice; namque instat fatum mihi triste, Sabella
quod puero cecinit divina mota anus urna: 30
hunc neque dira venena nec hosticus auferet ensis,
nec laterum dolor aut tussis, nec tarda podagra;
garrulus hunc quando consumet cumque: loquaces,
si sapiat, vitet, simul atque adoleverit aetas.'
ventum erat ad Vestae, quarta iam parte diei   35
praeterita, et casu tunc respondere vadato
debebat; quod ni fecisset, perdere litem.
'si me amas' inquit 'paulum hic ades.' 'inteream si

α = aDEM] 10–11 graviter post puero, leviter post talos interpunxit
Bentley   12 agebam βE   13 ficos β Charisius   16 prosequar
βD   22 te Apitz   noris Markland   30 mota divina Bentley

161

aut valeo stare aut novi civilia iura ;
et propero quo scis.' 'dubius sum quid faciam' inquit, 40
'tene relinquam an rem.' 'me, sodes.' 'non faciam' ille,
et praecedere coepit. ego, ut contendere durum est
cum victore, sequor. 'Maecenas quomodo tecum?'
hinc repetit : 'paucorum hominum et mentis bene sanae ;
nemo dexterius fortuna est usus. haberes 45
magnum adiutorem, posset qui ferre secundas,
hunc hominem velles si tradere : dispeream ni
summosses omnis.' 'non isto vivimus illic
quo tu rere modo ; domus hac nec purior ulla est
nec magis his aliena malis ; nil mi officit' inquam 50
'ditior hic aut est quia doctior ; est locus uni
cuique suus.' 'magnum narras, vix credibile.' 'atqui
sic habet.' 'accendis, quare cupiam magis illi
proximus esse.' 'velis tantummodo, quae tua virtus,
expugnabis ; et est qui vinci possit, eoque 55
difficilis aditus primos habet.' 'haud mihi deero :
muneribus servos corrumpam ; non, hodie si
exclusus fuero, desistam ; tempora quaeram ;
occurram in triviis ; deducam. nil sine magno
vita labore dedit mortalibus.' haec dum agit, ecce 60
Fuscus Aristius occurrit, mihi carus et illum
qui pulchre nosset. consistimus. 'unde venis?' et
'quo tendis?' rogat et respondet. vellere coepi,
et prensare manu lentissima bracchia, nutans,
distorquens oculos, ut me eriperet. male salsus 65
ridens dissimulare : meum iecur urere bilis.
'certe nescio quid secreto velle loqui te
aiebas mecum.' 'memini bene, sed meliore
tempore dicam : hodie tricesima sabbata : vin tu
curtis Iudaeis oppedere?' 'nulla mihi' inquam 70

  α = aDEM] 39 ista re *Verrall*   42 est *om.* αβ *add.* ς   44
interpunxit Stallbaum : paucorum . . . sanae *Horatio ascribit Lambinus*
51 haud β   52 atque β   64 pressare β*D* (pensare *E*)   66 bellis
β   68 meliori β   70 opponere *E*

'religio est.' 'at mi : sum paulo infirmior, unus
multorum : ignosces : alias loquar.' huncine solem
tam nigrum surrexe mihi ! fugit improbus ac me
sub cultro linquit. casu venit obvius illi
adversarius et 'quo tu turpissime ?' magna   75
inclamat voce, et 'licet antestari ?' ego vero
oppono auriculam. rapit in ius : clamor utrimque :
undique concursus. sic me servavit Apollo.

X

[LVCILI, quam sis mendosus, teste Catone
defensore tuo, pervincam, qui male factos
emendare parat versus ; hoc lenius ille,
quo melior vir et est longe subtilior illo,
qui multum puer et loris et funibus udis   [5]
exoratus, ut esset opem qui ferre poetis
antiquis posset contra fastidia nostra,
grammaticorum equitum doctissimus. ut redeam illuc :]
Nempe incomposito dixi pede currere versus
Lucili. quis tam Lucili fautor inepte est
ut non hoc fateatur ? at idem, quod sale multo
urbem defricuit, charta laudatur eadem.
nec tamen hoc tribuens dederim quoque cetera : nam sic   5
et Laberi mimos ut pulchra poemata mirer.
ergo non satis est risu diducere rictum
auditoris : et est quaedam tamen hic quoque virtus :
est brevitate opus, ut currat sententia, neu se
impediat verbis lassas onerantibus auris ;   10
et sermone opus est modo tristi, saepe iocoso,
defendente vicem modo rhetoris atque poetae,

α = *aDEM*] [1-8] *exstant in* ß *cum tribus* Ϛ : *in cett. desunt. Heirico
ascribit Vollmer* [4] *et unus det. om.* ß [5-6] puerum est . . .
exhortatus *Reisig* [6] exhortatus Ϛ : excoriatus *Horkel* 5 num
ßaD²E¹M 7 deducere ßD²

interdum urbani, parcentis viribus atque
extenuantis eas consulto. ridiculum acri
fortius et melius magnas plerumque secat res.   15
illi scripta quibus comoedia prisca viris est
hoc stabant, hoc sunt imitandi : quos neque pulcher
Hermogenes umquam legit, neque simius iste
nil praeter Calvum et doctus cantare Catullum.
'at magnum fecit quod verbis Graeca Latinis   20
miscuit.' o seri studiorum ! quine putetis
difficile et mirum, Rhodio quod Pitholeonti
contigit ? 'at sermo lingua concinnus utraque
suavior, ut Chio nota si commixta Falerni est.'
cum versus facias, te ipsum percontor, an et cum   25
dura tibi peragenda rei sit causa Petilli ?
scilicet oblitus patriaeque patrisque, Latine
cum Pedius causas exsudet Publicola atque
Corvinus, patriis intermiscere petita
verba foris malis, Canusini more bilinguis ?   30
atque ego cum Graecos facerem, natus mare citra,
versiculos, vetuit me tali voce Quirinus,
post mediam noctem visus cum somnia vera,
'in silvam non ligna feras insanius ac si
magnas Graecorum malis implere catervas.'   35
turgidus Alpinus iugulat dum Memnona dumque
defingit Rheni luteum caput, haec ego ludo,
quae neque in aede sonent certantia iudice Tarpa,
nec redeant iterum atque iterum spectanda theatris.
arguta meretrice potes Davoque Chremeta   40
eludente senem comis garrire libellos
unus vivorum, Fundani ; Pollio regum
facta canit pede ter percusso ; forte epos acer

a = aDEM] 13 urbane β   24 et Chio β   26 petelli aEM   27
oblitos Bentley   Latine V marg. β : latini Va   31 atqui ʕ   37
defingit (defindit E) a : diffingit β : diffindit L. Mueller   39 spectata
β   40 potest (potens φ²) β

ut nemo Varius ducit; molle atque facetum
Vergilio adnuerunt gaudentes rure Camenae: 45
hoc erat, experto frustra Varrone Atacino
atque quibusdam aliis, melius quod scribere possem,
inventore minor; neque ego illi detrahere ausim
haerentem capiti cum multa laude coronam.
at dixi fluere hunc lutulentum, saepe ferentem   50
plura quidem tollenda relinquendis. age, quaeso,
tu nihil in magno doctus reprehendis Homero?
nil comis tragici mutat Lucilius Acci?
non ridet versus Enni gravitate minores,
cum de se loquitur non ut maiore reprensis?   55
quid vetat et nosmet Lucili scripta legentis
quaerere, num illius, num rerum dura negarit
versiculos natura magis factos et euntis
mollius, ac si quis pedibus quid claudere senis,
hoc tantum contentus, amet scripsisse ducentos   60
ante cibum versus, totidem cenatus, Etrusci
quale fuit Cassi rapido ferventius amni
ingenium, capsis quem fama est esse librisque
ambustum propriis? fuerit Lucilius, inquam,
comis et urbanus, fuerit limatior idem   65
quam rudis et Graecis intacti carminis auctor,
quamque poetarum seniorum turba: sed ille,
si foret hoc nostrum fato dilatus in aevum,
detereret sibi multa, recideret omne quod ultra
perfectum traheretur, et in versu faciendo   70
saepe caput scaberet vivos et roderet unguis.
saepe stilum vertas, iterum quae digna legi sint
scripturus, neque te ut miretur turba labores,
contentus paucis lectoribus. an tua demens
vilibus in ludis dictari carmina malis?   75

α = αDEM] 44 ducta β   45 adnuerunt (adnum- E) EM : adnu-
erant α : adnuerint βD   47 possim β   48 illi om. ψ   50 ad
D¹E¹: et ψ   51 quaero α   59 et α   68 dilatus ς : di(de- V)lapsus
Vαβ   75 milibus ψ

non ego : nam satis est equitem mihi plaudere, ut audax
contemptis aliis explosa Arbuscula dixit.
men moveat cimex Pantilius, aut cruciet quod
vellicet absentem Demetrius, aut quod ineptus
Fannius Hermogenis laedat conviva Tigelli ?   80
Plotius et Varius, Maecenas Vergiliusque,
Valgius, et probet haec Octavius, optimus atque
Fuscus, et haec utinam Viscorum laudet uterque !
ambitione relegata te dicere possum,
Pollio, te, Messalla, tuo cum fratre, simulque   85
vos, Bibule et Servi, simul his te, candide Furni,
compluris alios, doctos ego quos et amicos
prudens praetereo ; quibus haec, sint qualiacumque,
arridere velim, doliturus si placeant spe
deterius nostra. Demetri, teque, Tigelli,   90
discipularum inter iubeo plorare cathedras.
i, puer, atque meo citus haec subscribe libello.

α = aDEM] 81 om. D¹   varus ß   86 Bibule *Muretus* : bibuli
codd.   servii ß

Q. HORATI FLACCI

SERMONVM

LIBER SECVNDVS

I

Svnt quibus in satira videar nimis acer et ultra
legem tendere opus ; sine nervis altera quidquid
composui pars esse putat, similisque meorum
mille die versus deduci posse. Trebati,
quid faciam praescribe. 'quiescas.' ne faciam, inquis,   5
omnino versus? 'aio.' peream male si non
optimum erat : verum nequeo dormire. 'ter uncti
transnanto Tiberim somno quibus est opus alto,
irriguumque mero sub noctem corpus habento.
aut si tantus amor scribendi te rapit, aude   10
Caesaris invicti res dicere, multa laborum
praemia laturus.' cupidum, pater optime, vires
deficiunt : neque enim quivis horrentia pilis
agmina nec fracta pereuntis cuspide Gallos
aut labentis equo describat vulnera Parthi.   15
'attamen et iustum poteras et scribere fortem,
Scipiadam ut sapiens Lucilius.' haud mihi deero
cum res ipsa feret : nisi dextro tempore, Flacci
verba per attentam non ibunt Caesaris aurem,

α = aDEM] I 1 videor ß : nimis vider E   4 diduci ß   5 quiescam
ß¹   6 ago E¹   7 iter E   8 transnato E   15 describat aEM :
describit ßD : descripsit schol. Pers.   18 dextro] deero D ex 17

cui male si palpere recalcitrat undique tutus.　　　　　　20
'quanto rectius hoc quam tristi laedere versu
Pantolabum scurram Nomentanumque nepotem,
cum sibi quisque timet, quamquam est intactus, et odit!'
quid faciam? saltat Milonius, ut semel icto
accessit fervor capiti numerusque lucernis;　　　　　　25
Castor gaudet equis, ovo prognatus eodem
pugnis; quot capitum vivunt, totidem studiorum
milia: me pedibus delectat claudere verba
Lucili ritu nostrum melioris utroque.
ille velut fidis arcana sodalibus olim　　　　　　　　30
credebat libris, neque si male cesserat usquam
decurrens alio, neque si bene; quo fit ut omnis
votiva pateat veluti descripta tabella
vita senis. sequor hunc, Lucanus an Apulus anceps:
nam Venusinus arat finem sub utrumque colonus,　　　35
missus ad hoc, pulsis, vetus est ut fama, Sabellis,
quo ne per vacuum Romano incurreret hostis,
sive quod Apula gens seu quod Lucania bellum
incuteret violenta. sed hic stilus haud petet ultro
quemquam animantem et me veluti custodiet ensis　　40
vagina tectus; quem cur destringere coner
tutus ab infestis latronibus? o pater et rex
Iuppiter, ut pereat positum robigine telum,
nec quisquam noceat cupido mihi pacis! at ille
qui me commorit (melius non tangere, clamo),　　　　45
flebit et insignis tota cantabitur urbe.
Cervius iratus leges minitatur et urnam,
Canidia Albuci quibus est inimica venenum,
grande malum Turius, si quid se iudice certes.
ut quo quisque valet suspectos terreat, utque　　　　50
imperet hoc natura potens, sic collige mecum:
dente lupus, cornu taurus petit: unde nisi intus

α = aDEM]　22 -ve β　　23 quem *Doederlein*　　24 uncto *Peerlkamp*
31 cesserat ς : gesserat αβ : res erat *Gogavius*　　37 ne quo *Doederlein*　　41 distringere β　　49 turias βD　　quis . . . certet βD

168

monstratum? Scaevae vivacem crede nepoti
matrem: nil faciet sceleris pia dextera: mirum,
ut neque calce lupus quemquam neque dente petit bos: 55
sed mala tollet anum vitiato melle cicuta.
ne longum faciam: seu me tranquilla senectus
exspectat seu Mors atris circumvolat alis,
dives, inops, Romae seu fors ita iusserit exsul,
quisquis erit vitae scribam color. 'o puer, ut sis 60
vitalis metuo, et maiorum ne quis amicus
frigore te feriat.' quid, cum est Lucilius ausus
primus in hunc operis componere carmina morem,
detrahere et pellem, nitidus qua quisque per ora
cederet, introrsum turpis, num Laelius aut qui 65
duxit ab oppressa meritum Carthagine nomen
ingenio offensi aut laeso doluere Metello
famosisque Lupo cooperto versibus? atqui
primores populi arripuit populumque tributim,
scilicet uni aequus virtuti atque eius amicis. 70
quin ubi se a vulgo et scaena in secreta remorant
virtus Scipiadae et mitis sapientia Laeli,
nugari cum illo et discincti ludere donec
decoqueretur holus soliti. quidquid sum ego, quamvis
infra Lucili censum ingeniumque, tamen me 75
cum magnis vixisse invita fatebitur usque
invidia, et fragili quaerens illidere dentem
offendet solido; nisi quid tu, docte Trebati,
dissentis. 'equidem nihil hinc diffindere possum;
sed tamen ut monitus caveas, ne forte negoti 80
incutiat tibi quid sanctarum inscitia legum:
si mala condiderit in quem quis carmina, ius est
iudiciumque.' esto, si quis mala; sed bona si quis
iudice condiderit laudatus Caesare? si quis

α = aDEM] 53 monstratam β¹ 55 ut] ni *Bentley* neque] ne
E petat βD¹(?) 56 male E¹M 65 et D¹ 68 etqui β 69
tributim βa: tributum DE¹M 79 diffindere VDM: diffundere E:
diffingere a: diffidere βD²

opprobriis dignum latraverit, integer ipse?   85
'solventur risu tabulae, tu missus abibis.'

II

Qvae virtus et quanta, boni, sit vivere parvo
(nec meus hic sermo est, sed quae praecepit Ofellus
rusticus, abnormis sapiens crassaque Minerva)
discite, non inter lances mensasque nitentis,
cum stupet insanis acies fulgoribus et cum   5
acclinis falsis animus meliora recusat,
verum hic impransi mecum disquirite. 'cur hoc?'
dicam si potero. male verum examinat omnis
corruptus iudex. leporem sectatus equove
lassus ab indomito—vel si Romana fatigat   10
militia adsuetum graecari, seu pila velox
molliter austerum studio fallente laborem,
seu te discus agit, pete cedentem aera disco—
cum labor extuderit fastidia, siccus, inanis
sperne cibum vilem : nisi Hymetia mella Falerno   15
ne biberis diluta. foris est promus et atrum
defendens piscis hiemat mare : cum sale panis
latrantem stomachum bene leniet. unde putas aut
qui partum? non in caro nidore voluptas
summa sed in te ipso est. tu pulmentaria quaere   20
sudando; pinguem vitiis albumque neque ostrea
nec scarus aut poterit peregrina iuvare lagois.
vix tamen eripiam posito pavone velis quin
hoc potius quam gallina tergere palatum,
corruptus vanis rerum, quia veneat auro   25
rara avis et picta pandat spectacula cauda;
tamquam ad rem attineat quicquam. num vesceris ista
quam laudas pluma? cocto num adest honor idem?

    α = *aDEM*]   86 abibis? *V*   II 1 bono *D²* : homini *Peerlkamp*
3 abnormis ß¹*DM* : abnormi ß²*aE Acr.*   14 extulerit 5   24 qua
E   28 color 5

carne tamen quamvis distat nil, hac magis illam
imparibus formis deceptum te petere ! esto : 30
unde datum sentis lupus hic Tiberinus an alto
captus hiet, pontisne inter iactatus an amnis
ostia sub Tusci ? laudas, insane, trilibrem
mullum in singula quem minuas pulmenta necesse est.
ducit te species, video ; quo pertinet ergo 35
proceros odisse lupos ? quia scilicet illis
maiorem natura modum dedit, his breve pondus.
ieiunus raro stomachus vulgaria temnit.
'porrectum magno magnum spectare catino
vellem' ait Harpyiis gula digna rapacibus. at vos, 40
praesentes Austri, coquite horum obsonia, quamquam
putet aper rhombusque recens, mala copia quando
aegrum sollicitat stomachum, cum rapula plenus
atque acidas mavult inulas. necdum omnis abacta
pauperies epulis regum ; nam vilibus ovis 45
nigrisque est oleis hodie locus. haud ita pridem
Galloni praeconis erat acipensere mensa
infamis. quid, tunc rhombos minus aequora alebant ?
tutus erat rhombus tutoque ciconia nido
donec vos auctor docuit praetorius. ergo 50
si quis nunc mergos suavis edixerit assos,
parebit pravi docilis Romana iuventus.
sordidus a tenui victu distabit, Ofello
iudice ; nam frustra vitium vitaveris illud
si te alio pravum detorseris. Avidienus, 55
cui Canis ex vero ductum cognomen adhaeret,
quinquennis oleas est et silvestria corna,
ac nisi mutatum parcit defundere vinum, et
cuius odorem olei nequeas perferre, licebit

α = aDEM] 29 instat D¹ haec ς : hanc Porph. magis] =
'lanx' Haacke Madvig : avis Peerlkamp illam E et pro var. lect. ß :
illa cett. 30 petere (depetere E) aD¹E : patet ßD²M esto] =
'edito' Heller 31 unde autem Peerlkamp 41 quamvis ß 48
tum ß aequor alebat ßaD¹ 53 distabat αß corr. ς 56 ductum
V : dict- αß 58 fundere ß 59 olet ß

ille repotia natalis aliosve dierum 60
festos albatus celebret, cornu ipse bilibri
caulibus instillat, veteris non parcus aceti.
quali igitur victu sapiens utetur, et horum
utrum imitabitur? hac urget lupus, hac canis, aiunt.
mundus erit qua non offendat sordibus, atque 65
in neutram partem cultus miser. hic neque servis,
Albuci senis exemplo, dum munia didit
saevus erit; nec sic ut simplex Naevius unctam
convivis praebebit aquam; vitium hoc quoque magnum.
accipe nunc victus tenuis quae quantaque secum 70
adferat. imprimis valeas bene: nam variae res
ut noceant homini credas, memor illius escae
quae simplex olim tibi sederit; at simul assis
miscueris elixa, simul conchylia turdis,
dulcia se in bilem vertent stomachoque tumultum 75
lenta feret pituita. vides ut pallidus omnis
cena desurgat dubia? quin corpus onustum
hesternis vitiis animum quoque praegravat una,
atque adfigit humo divinae particulam aurae.
alter ubi dicto citius curata sopori 80
membra dedit vegetus praescripta ad munia surgit.
hic tamen ad melius poterit transcurrere quondam,
sive diem festum rediens advexerit annus,
seu recreare volet tenuatum corpus, ubique
accedent anni et tractari mollius aetas 85
imbecilla volet: tibi quidnam accedet ad istam
quam puer et validus praesumis mollitiem, seu
dura valetudo inciderit seu tarda senectus?
rancidum aprum antiqui laudabant, non quia nasus
illis nullus erat, sed, credo, hac mente, quod hospes 90
tardius adveniens vitiatum commodius quam
integrum edax dominus consumeret. hos utinam inter

α = aDEM] 64 canis angit D² 65 qui ßD² offendit sscr. D
67 dedit ß¹D¹E¹M 80 dico E: dictus D 91 vitiatum ßD: vitiaret VaEM

heroas natum tellus me prima tulisset!
das aliquid famae, quae carmine gratior aurem
occupet humanam : grandes rhombi patinaeque   95
grande ferunt una cum damno dedecus : adde
iratum patruum, vicinos, te tibi iniquum
et frustra mortis cupidum, cum deerit egenti
as, laquei pretium. ‘iure’ inquit ‘Trausius istis
iurgatur verbis ; ego vectigalia magna   100
divitiasque habeo tribus amplas regibus.’ ergo
quod superat non est melius quo insumere possis ?
cur eget indignus quisquam, te divite ? quare
templa ruunt antiqua deum ? cur, improbe, carae
non aliquid patriae tanto emetiris acervo?   105
uni nimirum recte tibi semper erunt res.
o magnus posthac inimicis risus ! uterne
ad casus dubios fidet sibi certius ? hic qui
pluribus adsuerit mentem corpusque superbum,
an qui contentus parvo metuensque futuri   110
in pace ut sapiens aptarit idonea bello ?
quo magis his credas, puer hunc ego parvus Ofellum
integris opibus novi non latius usum
quam nunc accisis. videas metato in agello
cum pecore et gnatis fortem mercede colonum,   115
‘non ego’ narrantem ‘temere edi luce profesta
quicquam praeter holus fumosae cum pede pernae.
ac mihi seu longum post tempus venerat hospes,
sive operum vacuo gratus conviva per imbrem
vicinus, bene erat non piscibus urbe petitis,   120
sed pullo atque haedo ; tum pensilis uva secundas
et nux ornabat mensas cum duplice ficu.
post hoc ludus erat culpa potare magistra,
ac venerata Ceres, ita culmo surgeret alto,

α = aDEM] 95 occupat β   98 deepit E   99 Asiaque pretium
β   trausius E¹ : travius β   103 indiguus *Hitzig*   112 puer β¹E² :
puerum *cett.*   114 metatum β   116 et edulce profesta β   121
tunc α   122 fico *EM*   123 cuppa ς : pulpa *Heinsius*   portare E

173

explicuit vino contractae seria frontis.   125
saeviat atque novos moveat Fortuna tumultus,
quantum hinc imminuet? quanto aut ego parcius aut vos,
o pueri, nituistis ut huc novus incola venit?
nam propriae telluris erum natura neque illum
nec me nec quemquam statuit: nos expulit ille;   130
illum aut nequities aut vafri inscitia iuris,
postremum expellet certe vivacior heres.
nunc ager Vmbreni sub nomine, nuper Ofelli
dictus, erit nulli proprius, sed cedet in usum
nunc mihi nunc alii. quocirca vivite fortes,   135
fortiaque adversis opponite pectora rebus.'

III

'Sic raro scribis, ut toto non quater anno
membranam poscas, scriptorum quaeque retexens,
iratus tibi quod vini somnique benignus
nil dignum sermone canas. quid fiet? at ipsis
Saturnalibus huc fugisti. sobrius ergo   5
dic aliquid dignum promissis: incipe. nil est:
culpantur frustra calami, immeritusque laborat
iratis natus paries dis atque poetis.
atqui vultus erat multa et praeclara minantis,
si vacuum tepido cepisset villula tecto.   10
quorsum pertinuit stipare Platona Menandro,
Eupolin, Archilochum, comites educere tantos?
invidiam placare paras virtute relicta?
contemnere miser; vitanda est improba Siren
desidia, aut quidquid vita meliore parasti   15
ponendum aequo animo.' di te, Damasippe, deaeque
verum ob consilium donent tonsore. sed unde

a = aEM (in II 125–131 = aDEM)]   127 quanto aE: quantum ẞDM
128 instituistis D² et pro var. lect. φ   132 expellit E   III 1 si E¹
scribis ẞM: scribes aE   4 at Vẞ: ab a   5 fugisti sobrius. ergo
Bentley   17 secunde E

tam bene me nosti? 'postquam omnis res mea Ianum
ad medium fracta est, aliena negotia curo,
excussus propriis. olim nam quaerere amabam,   20
quo vafer ille pedes lavisset Sisyphus aere,
ouid sculptum infabre, quid fusum durius esset;
callidus huic signo ponebam milia centum;
hortos egregiasque domos mercarier unus
cum lucro noram; unde frequentia Mercuriale   25
imposuere mihi cognomen compita.' novi,
et miror morbi purgatum te illius. 'atqui
emovit veterem mire novus, ut solet, in cor
traiecto lateris miseri capitisve dolore;
ut lethargicus hic cum fit pugil et medicum urget.'   30
dum ne quid simile huic, esto ut libet. 'o bone, ne te
frustrere, insanis et tu stultique prope omnes,
si quid Stertinius veri crepat, unde ego mira
descripsi docilis praecepta haec, tempore quo me
solatus iussit sapientem pascere barbam   35
atque a Fabricio non tristem ponte reverti.
nam male re gesta cum vellem mittere operto
me capite in flumen, dexter stetit et "cave faxis
te quicquam indignum; pudor" inquit "te malus angit,
insanos qui inter vereare insanus haberi.   40
primum nam inquiram quid sit furere: hoc si erit in te
solo, nil verbi, pereas quin fortiter, addam.
quem mala stultitia et quemcumque inscitia veri
caecum agit, insanum Chrysippi porticus et grex
autumat. haec populos, haec magnos formula reges,   45
excepto sapiente, tenet. nunc accipe, quare
desipiant omnes aeque ac tu, qui tibi nomen
insano posuere. velut silvis, ubi passim
palantis error certo de tramite pellit,
ille sinistrorsum, hic dextrorsum abit, unus utrisque   50

α = aEM] 21 faber ßa²   29 capitisque ßa   30 modicum ßa
33 verum ß : vere a²   34 describi E   39 urget Vß   41 hoc
siet in ß   50 utrique ß

error, sed variis illudit partibus; hoc te
crede modo insanum, nihilo ut sapientior ille,
qui te deridet, caudam trahat. est genus unum
stultitiae nihilum metuenda timentis, ut ignis,
ut rupes fluviosque in campo obstare queratur; 55
alterum et huic varum et nihilo sapientius ignis
per medios fluviosque ruentis. clamet amica
mater, honesta soror, cum cognatis pater, uxor:
'hic fossa est ingens, hic rupes maxima, serva!'
non magis audierit quam Fufius ebrius olim, 60
cum Ilionam edormit, Catienis mille ducentis
'mater, te appello!' clamantibus. huic ego vulgus
errori similem cunctum insanire docebo.
insanit veteres statuas Damasippus emendo:
integer est mentis Damasippi creditor. esto! 65
accipe quod numquam reddas mihi, si tibi dicam,
tune insanus eris si acceperis? an magis excors
reiecta praeda quam praesens Mercurius fert?
scribe decem a Nerio; non est satis: adde Cicutae
nodosi tabulas centum, mille adde catenas: 70
effugiet tamen haec sceleratus vincula Proteus.
cum rapies in ius malis ridentem alienis,
fiet aper, modo avis, modo saxum et cum volet arbor.
si male rem gerere insani est, contra bene sani,
putidius multo cerebrum est, mihi crede, Perelli 75
dictantis quod tu numquam rescribere possis.
audire atque togam iubeo componere, quisquis
ambitione mala aut argenti pallet amore,
quisquis luxuria tristive superstitione
aut alio mentis morbo calet; huc propius me, 80
dum doceo insanire omnis, vos ordine adite.
danda est ellebori multo pars maxima avaris,

α = aEM] 53 trahit ς 57 anicla *Horkel*: amica, mater *agnoscit*
Porph. 62 vulgus *EM*: vulgum aβ²: vultum β 63 similis β
cuncta β· 69 Λnerio *agnoscunt Acr. Porph.* 71 hic celeratus *E*
72 iura β 75 perilli a

nescio an Anticyram ratio illis destinet omnem.
heredes Staberi summam incidere sepulcro,
ni sic fecissent gladiatorum dare centum   85
damnati populo paria atque epulum arbitrio Arri,
frumenti quantum metit Africa. 'sive ego prave
seu recte hoc volui, ne sis patruus mihi': credo
hoc Staberi prudentem animum vidisse. 'quid ergo
sensit cum summam patrimoni insculpere saxo   90
heredes voluit?' quoad vixit credidit ingens
pauperiem vitium et cavit nihil acrius, ut, si
forte minus locuples uno quadrante perisset,
ipse videretur sibi nequior: omnis enim res,
virtus, fama, decus, divina humanaque pulchris   95
divitiis parent; quas qui construxerit ille
clarus erit, fortis, iustus. 'sapiensne?' etiam; et rex,
et quidquid volet. hoc veluti virtute paratum
speravit magnae laudi fore. quid simile isti
Graecus Aristippus? qui servos proicere aurum   100
in media iussit Libya, quia tardius irent
propter onus segnes. uter est insanior horum?
nil agit exemplum, litem quod lite resolvit.
si quis emat citharas, emptas comportet in unum,
nec studio citharae nec Musae deditus ulli,   105
si scalpra et formas non sutor, nautica vela
aversus mercaturis, delirus et amens
undique dicatur merito. qui discrepat istis
qui nummos aurumque recondit, nescius uti
compositis metuensque velut contingere sacrum?   110
si quis ad ingentem frumenti semper acervum
porrectus vigilet cum longo fuste, neque illinc
audeat esuriens dominus contingere granum,
ac potius foliis parcus vescatur amaris;

α=aDEM] 89 cavisse *Peerlkamp*   93 periret α   96 con-
traxerit β   97 sapiensque *DEM*   98 velut in β   108 quid *ED*[1]
iste β   114 vescatur β*D*: vexatur a*E*: pascatur *M*

G

si positis intus Chii veterisque Falerni   115
mille cadis—nihil est, tercentum milibus—acre
potet acetum ; age, si et stramentis incubet, unde-
octoginta annos natus, cui stragula vestis,
blattarum ac tinearum epulae, putrescat in arca ;
nimirum insanus paucis videatur, eo quod   120
maxima pars hominum morbo iactatur eodem.
filius aut etiam haec libertus ut ebibat heres,
dis inimice senex, custodis ? ne tibi desit ?
quantulum enim summae curtabit quisque dierum,
unguere si caulis oleo meliore caputque   125
coeperis impexa foedum porrigine ?   quare,
si quidvis satis est, periuras, surripis, aufers
undique ?   tun sanus ?   populum si caedere saxis
incipias servosve tuos quos aere pararis,
insanum te omnes pueri clamentque puellae :   130
cum laqueo uxorem interimis matremque veneno
incolumi capite es.   quid enim ? neque tu hoc facis Argis,
nec ferro ut demens genitricem occidis Orestes.
an tu reris eum occisa insanisse parente,
ac non ante malis dementem actum Furiis quam   135
in matris iugulo ferrum tepefecit acutum ?
quin ex quo est habitus male tutae mentis Orestes
nil sane fecit quod tu reprehendere possis :
non Pyladen ferro violare aususve sororem
Electran, tantum maledicit utrique vocando   140
hanc Furiam, hunc aliud iussit quod splendida bilis.
pauper Opimius argenti positi intus et auri,
qui Veientanum festis potare diebus
Campana solitus trulla vappamque profestis,
quondam lethargo grandi est oppressus, ut heres   145
iam circum loculos et clavis laetus ovansque
curreret.   hunc medicus multum celer atque fidelis

   a = aDEM⌉   117 unde] udis *Horkel* : *alii alia*   128 tunc *D* : tu
insanus ßa²*M*   129 servosque *M*   tuo ϛ   140 Electram a²*D*
142 opimus ß   143 vegentanum ßa

excitat hoc pacto : mensam poni iubet atque
effundi saccos nummorum, accedere pluris
ad numerandum ; hominem sic erigit ; addit et illud : 150
'ni tua custodis, avidus iam haec auferet heres.'
'men vivo?' 'ut vivas igitur, vigila : hoc age.' 'quid vis?'
'deficient inopem venae te ni cibus atque
ingens accedit stomacho fultura ruenti.   154
tu cessas? agedum, sume hoc tisanarium oryzae.' ['eheu !
'quanti emptae?' 'parvo.' 'quanti ergo?' 'octussibus.'
quid refert morbo an furtis pereamque rapinis?'
'quisnam igitur sanus?' qui non stultus. 'quid avarus?'
stultus et insanus. 'quid, si quis non sit avarus,
continuo sanus?' minime. 'cur, Stoice?' dicam.   160
non est cardiacus (Craterum dixisse putato)
hic aeger : recte est igitur surgetque? negabit,
quod latus aut renes morbo temptentur acuto.
non est periurus neque sordidus : immolet aequis
hic porcum Laribus : verum ambitiosus et audax :   165
naviget Anticyram. quid enim differt, barathrone
dones quidquid habes an numquam utare paratis?
Servius Oppidius Canusi duo praedia, dives
antiquo censu, gnatis divisse duobus
fertur et hoc moriens pueris dixisse vocatis   170
ad lectum : 'postquam te talos, Aule, nucesque
ferre sinu laxo, donare et ludere vidi,
te, Tiberi, numerare, cavis abscondere tristem,
extimui ne vos ageret vesania discors,
tu Nomentanum, tu ne sequerere Cicutam.   175
quare per divos oratus uterque Penatis,
tu cave ne minuas, tu ne maius facias id
quod satis esse putat pater et natura coercet.
praeterea ne vos titillet gloria, iure
iurando obstringam ambo : uter aedilis fueritve   180

a = aDEM] 152 quod ßD¹   154 accedat D$²   156 empti ß¹
163 temptantur 5   165 utrum ß   166 om. E   169 divisisse ßa
174. insania (vesania D²) a

vestrum praetor, is intestabilis et sacer esto.
in cicere atque faba bona tu perdasque lupinis,
latus ut in Circo spatiere et aeneus ut stes,
nudus agris, nudus nummis, insane, paternis ;
scilicet ut plausus quos fert Agrippa feras tu,   185
astuta ingenuum vulpes imitata leonem.'
ne quis humasse velit Aiacem, Atrida, vetas cur ?
' rex sum.'   nil ultra quaero plebeius.   ' et aequam
rem imperito ; ac si cui videor non iustus, inulto
dicere quod sentit permitto.'   maxime regum   190
di tibi dent capta classem reducere Troia !
ergo consulere et mox respondere licebit ?
' consule.'   cur Aiax, heros ab Achille secundus,
putescit totiens servatis clarus Achivis,
gaudeat ut populus Priami Priamusque inhumato,   195
per quem tot iuvenes patrio caruere sepulcro ?
' mille ovium insanus morti dedit, inclitum Vlixen
et Menelaum una mecum se occidere clamans.'
tu cum pro vitula statuis dulcem Aulide natam
ante aras spargisque mola caput, improbe, salsa,   200
rectum animi servas ? ' quorsum ?' insanus quid enim Aiax
fecit cum stravit ferro pecus ?   abstinuit vim
uxore et gnato ; mala multa precatus Atridis,
non ille aut Teucrum aut ipsum violavit Vlixen.
' verum ego ut haerentis adverso litore navis   205
eriperem prudens placavi sanguine divos,'
nempe tuo, furiose.   ' meo, sed non furiosus.'
qui species alias veri scelerisque tumultu
permixtas capiet, commotus habebitur, atque
stultitiane erret nihilum distabit an ira.   210
Aiax immeritos cum occidit desipit agnos :
cum prudens scelus ob titulos admittis inanis,

α = αDEM]   183 lentus *Heinsius* : altus *Peerlkamp*   et β : aut α
184 nudus agris nummis *D*   188 quaere *V* : quaeres *Doederlein*
189 at *V*   190 quae *D*   191 classem capta *E*   deducere ς
201 quorum ψ : servas cursum ? *Bothe*   208 veris celerisque β
cerebrique *Horkel* : iecorisque *Postgate*   211 cum immeritos *D*

stas animo et purum est vitio tibi, cum tumidum est, cor?
si quis lectica nitidam gestare amet agnam,
huic vestem, ut gnatae, paret ancillas, paret aurum,   215
Rufam aut Posillam appellet fortique marito
destinet uxorem, interdicto huic omne adimat ius
praetor, et ad sanos abeat tutela propinquos.
quid, si quis gnatam pro muta devovet agna
integer est animi? ne dixeris. ergo ubi prava   220
stultitia, hic summa est insania; qui sceleratus,
et furiosus erit; quem cepit vitrea fama,
hunc circumtonuit gaudens Bellona cruentis.
nunc age luxuriam et Nomentanum arripe mecum:
vincet enim stultos ratio insanire nepotes.   225
hic simul accepit patrimoni mille talenta
edicit piscator uti, pomarius, auceps,
unguentarius ac Tusci turba impia vici,
cum scurris fartor, cum Velabro omne macellum,   229
mane domum veniant. quid tum? venere frequentes.
verba facit leno: 'quidquid mihi, quidquid et horum
cuique domi est, id crede tuum et vel nunc pete vel cras.'
accipe quid contra haec iuvenis responderit aequus:
'in nive Lucana dormis ocreatus, ut aprum
cenem ego: tu piscis hiberno ex aequore verris.   235
segnis ego, indignus qui tantum possideam: aufer:
sume tibi decies; tibi tantundem; tibi triplex
unde uxor media currit de nocte vocata.'
filius Aesopi detractam ex aure Metellae,
scilicet ut decies solidum absorberet, aceto   240
diluit insignem bacam: qui sanior ac si
illud idem in rapidum flumen iaceretve cloacam?
Quinti progenies Arri, par nobile fratrum,
nequitia et nugis pravorum et amore gemellum,

α = aDE] 213 vitio om. β add. φ²   tibi om. a¹E   216 et V
Posillam V¹: pusillam aβV²   219 multa E   224 nomen vanum
β¹   225 vincit β   234 in] tu Bentley   235 vellis (verris D²) α
238 nocte citata ς   240 exsorberet β

luscinias soliti impenso prandere coemptas,   245
quorsum abeant? sani ut creta, an carbone notati?
aedificare casas, plostello adiungere mures,
ludere par impar, equitare in harundine longa
si quem delectet barbatum, amentia verset.
si puerilius his ratio esse evincet amare,   250
nec quicquam differre utrumne in pulvere, trimus
quale prius, ludas opus, an meretricis amore
sollicitus plores, quaero, faciasne quod olim
mutatus Polemon? ponas insignia morbi,
fasciolas, cubital, focalia, potus ut ille   255
dicitur ex collo furtim carpsisse coronas,
postquam est impransi correptus voce magistri?
porrigis irato puero cum poma, recusat:
'sume, catelle!' negat: si non des, optet: amator
exclusus qui distat, agit ubi secum, eat an non,   260
quo rediturus erat non arcessitus, et haeret
invisis foribus? 'nec nunc, cum me vocet ultro,
accedam? an potius mediter finire dolores?
exclusit; revocat: redeam? non si obsecret.' ecce
servus non paulo sapientior: 'o ere, quae res   265
nec modum habet neque consilium, ratione modoque
tractari non vult. in amore haec sunt mala, bellum,
pax rursum: haec si quis tempestatis prope ritu
mobilia et caeca fluitantia sorte laboret
reddere certa sibi, nihilo plus explicet ac si   270
insanire paret certa ratione modoque.'
quid, cum Picenis excerpens semina pomis
gaudes si cameram percusti forte, penes te es?
quid, cum balba feris annoso verba palato,
aedificante casas qui sanior? adde cruorem   275

α = aDE] 246 sani ut α : sani (·ii ψ et pro var. lect. insani) β : sanin
ς   247 postella (plostella β²) β   249 delectat β   250 sic D²Eψ²
esset β   vincet β¹   251 primus V   255 cubital ς Fronto, Porph.
lemma : cubitale codd.   262 ne nunc ς   vocat ς   266 habet om. β¹

stultitiae atque ignem gladio scrutare. modo, inquam,
Hellade percussa Marius cum praecipitat se
cerritus fuit, an commotae crimine mentis
absolves hominem et sceleris damnabis eundem,
ex more imponens cognata vocabula rebus?   280
libertinus erat, qui circum compita siccus
lautis mane senex manibus currebat et 'unum—
quid tam magnum?' addens—'unum me surpite morti,
dis etenim facile est!' orabat; sanus utrisque
auribus atque oculis; mentem, nisi litigiosus,   285
exciperet dominus, cum venderet. hoc quoque vulgus
Chrysippus ponet fecunda in gente Meneni.
'Iuppiter, ingentis qui das adimisque dolores,'
mater ait pueri mensis iam quinque cubantis,
'frigida si puerum quartana reliquerit, illo   290
mane die, quo tu indicis ieiunia, nudus
in Tiberi stabit.' casus medicusve levarit
aegrum ex praecipiti, mater delira necabit
in gelida fixum ripa febrimque reducet;
quone malo mentem concussa? timore deorum."   295
haec mihi Stertinius, sapientum octavus, amico
arma dedit, posthac ne compellarer inultus.
dixerit insanum qui me totidem audiet atque
respicere ignoto discet pendentia tergo.'
Stoice, post damnum sic vendas omnia pluris,   300
qua me stultitia, quoniam non est genus unum,
insanire putas? ego nam videor mihi sanus.
'quid, caput abscisum demens cum portat Agave
gnati infelicis, sibi tunc furiosa videtur?'
stultum me fateor, liceat concedere veris,   305
atque etiam insanum; tantum hoc edissere, quo me
aegrotare putes animi vitio? 'accipe: primum
aedificas, hoc est, longos imitaris, ab imo

α = aDE] 276 scrutare modo in quem *Franke*   291 magne (-o *E*)
αβ²   292 medicusque β   293 negabit *E*   303 abscissum ς
demens cum portat] manibus portavit *V*   304 tum β

ad summum totus moduli bipedalis; et idem
corpore maiorem rides Turbonis in armis   310
spiritum et incessum : qui ridiculus minus illo?
an quodcumque facit Maecenas te quoque verum est
tantum dissimilem et tanto certare minorem?
absentis ranae pullis vituli pede pressis
unus ubi effugit, matri denarrat, ut ingens   315
belua cognatos eliserit. illa rogare
quantane? num tantum, sufflans se, magna fuisset?
"maior dimidio." num tanto? cum magis atque
se magis inflaret, "non si te ruperis" inquit,
"par eris." haec a te non multum abludit imago.   320
adde poemata nunc, hoc est, oleum adde camino,
quae si quis sanus fecit sanus facis et tu.
non dico horrendam rabiem.' iam desine. 'cultum
maiorem censu.' teneas, Damasippe, tuis te.
'mille puellarum, puerorum mille furores.'   325
o maior tandem parcas insane, minori!

IV

VNDE et quo Catius? 'non est mihi tempus, aventi
ponere signa novis praeceptis, qualia vincent
Pythagoran Anytique reum doctumque Platona.'
peccatum fateor, cum te sic tempore laevo
interpellarim; sed des veniam bonus, oro.   5
quod si interciderit tibi nunc aliquid, repetes mox,
sive est naturae hoc sive artis, mirus utroque.
'quin id erat curae quo pacto cuncta tenerem,
utpote res tenuis tenui sermone peractas.'
ede hominis nomen, simul et Romanus an hospes.   10
'ipsa memor praecepta canam, celabitur auctor.

α = aDEM (in 309-314 = aDE)]   313 tantum diss. V: tanto diss.
αβ   317 tantum VE : tandem βaD²M : om. D¹   si βD¹ : s||| E : sic
D²   322 fecit] facit et D¹   facis et] facies D¹   IV 2 vincunt α
3 antyquite E : utique β   5 interpellarem (-im φ²) β   9 poteris β¹
11 ipse D   celebrabitur β

longa quibus facies ovis erit illa memento,
ut suci melioris et ut magis alba rotundis,
ponere; namque marem cohibent callosa vitellum.
cole suburbano qui siccis crevit in agris   15
dulcior; irriguo nihil est elutius horto.
si vespertinus subito te oppresserit hospes,
ne gallina malum responset dura palato,
doctus eris vivam mixto mersare Falerno;
hoc teneram faciet. pratensibus optima fungis   20
natura est; aliis male creditur. ille salubris
aestates peraget qui nigris prandia moris
finiet, ante gravem quae legerit arbore solem.
Aufidius forti miscebat mella Falerno,
mendose, quoniam vacuis committere venis   25
nil nisi lene decet; leni praecordia mulso
prolueris melius. si dura morabitur alvus,
mitulus et viles pellent obstantia conchae
et lapathi brevis herba, sed albo non sine Coo.
lubrica nascentes implent conchylia lunae;   30
sed non omne mare est generosae fertile testae.
murice Baiano melior Lucrina peloris,
ostrea Circeis, Miseno oriuntur echini,
pectinibus patulis iactat se molle Tarentum.
nec sibi cenarum quivis temere arroget artem   35
non prius exacta tenui ratione saporum.
nec satis est cara piscis averrere mensa
ignarum quibus est ius aptius et quibus assis
languidus in cubitum iam se conviva reponet.
Vmber et iligna nutritus glande rotundas   40
curvat aper lances carnem vitantis inertem;
nam Laurens malus est, ulvis et harundine pinguis.
vinea summittit capreas non semper edulis.

α = aDEM]   15 colle (caule *corr.* φ) β   18 responset β : respondet
(-sat α) α   19 musto ς, *forte recte*   22 peragit αψ²   32 murice
palato E   37 avertere DMψ²   39 reponit β   41 curvet ς

fecundae leporis sapiens sectabitur armos.
piscibus atque avibus quae natura et foret aetas,   45
ante meum nulli patuit quaesita palatum.
sunt quorum ingenium nova tantum crustula promit.
nequaquam satis in re una consumere curam;
ut si quis solum hoc, mala ne sint vina, laboret,
quali perfundat piscis securus olivo.   50
Massica si caelo suppones vina sereno
nocturna si quid crassi est tenuabitur aura,
et decedet odor nervis inimicus; at illa
integrum perdunt lino vitiata saporem.
Surrentina vafer qui miscet faece Falerna   55
vina columbino limum bene colligit ovo,
quatenus ima petit volvens aliena vitellus.
tostis marcentem squillis recreabis et Afra
potorem coclea; nam lactuca innatat acri
post vinum stomacho; perna magis et magis hillis   60
flagitat immorsus refici; quin omnia malit
quaecumque immundis fervent allata popinis.
est operae pretium duplicis pernoscere iuris
naturam. simplex e dulci constat olivo,
quod pingui miscere mero muriaque decebit,   65
non alia quam qua Byzantia putuit orca.
hoc ubi confusum sectis inferbuit herbis
Corycioque croco sparsum stetit, insuper addes
pressa Venafranae quod baca remisit olivae.
Picenis cedunt pomis Tiburtia suco;   70
nam facie praestant. Venucula convenit ollis;
rectius Albanam fumo duraveris uvam.
hanc ego cum malis, ego faecem primus et allec,
primus et invenior piper album cum sale nigro

α = aDEM] 44 fecundae V: fecundi αβ   45 atque pavis β²a²
46 latuit Peerlkamp   47 tantum om? E¹: tam β¹   49 ne sint]
nescit β¹   50 om. M ϛ   56 vinum β   60 et om. a: ac EM
61 in morsus ϛ alii alia coni.   66 qua ED²M: quae βaD¹   68
addens β   74 invenior (inventor E¹) βD¹E² : inveni aD²M

incretum puris circumposuisse catillis. 75
immane est vitium dare milia terna macello
angustoque vagos piscis urgere catino.
magna movet stomacho fastidia, seu puer unctis
tractavit calicem manibus dum furta ligurrit;
sive gravis veteri craterae limus adhaesit. 80
vilibus in scopis, in mappis, in scobe quantus
consistit sumptus? neglectis flagitium ingens.
ten lapides varios lutulenta radere palma
et Tyrias dare circum illuta toralia vestis,
oblitum quanto curam sumptumque minorem 85
haec habeant, tanto reprehendi iustius illis
quae nisi divitibus nequeant contingere mensis?'
docte Cati, per amicitiam divosque rogatus,
ducere me auditum perges quocumque memento.
nam quamvis memori referas mihi pectore cuncta, 90
non tamen interpres tantundem iuveris. adde
vultum habitumque hominis, quem tu vidisse beatus
non magni pendis, quia contigit; at mihi cura
non mediocris inest, fontis ut adire remotos
atque haurire queam vitae praecepta beatae. 95

V

Hoc quoque, Teresia, praeter narrata petenti
responde, quibus amissas reparare queam res
artibus atque modis. quid rides? 'iamne doloso
non satis est Ithacam revehi patriosque penatis
aspicere?' o nulli quicquam mentite, vides ut 5
nudus inopsque domum redeam te vate, neque illic
aut apotheca procis intacta est aut pecus; atqui
et genus et virtus nisi cum re vilior alga est.
·quando pauperiem missis ambagibus horres,

α=aDEM] 78 movent αψ² 79 frusta *pro var. lect.* φ : *unde*
crusta *Apitz* 80 creterrae V¹β 83 Parios *Erasmus* luculenta
β planta *Marcilius* 87 nequeant � : nequeunt αβ V 1 tiresia
M 6 redeat β¹ 7 aut qui β

accipe qua ratione queas ditescere. turdus   10
sive aliud privum dabitur tibi, devolet illuc
res ubi magna nitet domino sene; dulcia poma
et quoscumque feret cultus tibi fundus honores
ante Larem gustet venerabilior Lare dives;
qui quamvis periurus erit, sine gente, cruentus   15
sanguine fraterno, fugitivus, ne tamen illi
tu comes exterior si postulet ire recuses.'
utne tegam spurco Damae latus? haud ita Troiae
me gessi certans semper melioribus. 'ergo
pauper eris.' fortem hoc animum tolerare iubebo;   20
et quondam maiora tuli. tu protinus unde
divitias aerisque ruam dic, augur, acervos.
'dixi equidem et dico: captes astutus ubique
testamenta senum, neu, si vafer unus et alter
insidiatorem praeroso fugerit hamo,   25
aut spem deponas aut artem illusus omittas.
magna minorve foro si res certabitur olim,
vivet uter locuples sine gnatis, improbus, ultro
qui meliorem audax vocet in ius, illius esto
defensor; fama civem causaque priorem   30
sperne, domi si gnatus erit fecundave coniunx.
"Quinte," puta, aut "Publi," (gaudent praenomine molles
auriculae) "tibi me virtus tua fecit amicum;
ius anceps novi, causas defendere possum;
eripiet quivis oculos citius mihi quam te   35
contemptum cassa nuce pauperet; haec mea cura est,
ne quid tu perdas neu sis iocus." ire domum atque
pelliculam curare iube; fi cognitor ipse,
persta atque obdura, seu rubra Canicula findet
infantis statuas, seu pingui tentus omaso   40
Furius hibernas cana nive conspuet Alpis.
"nonne vides," aliquis cubito stantem prope tangens
inquiet, "ut patiens, ut amicis aptus, ut acer?"

α = aDEM]   18 visne ? utne ß   22 eruam *E* : struam *Schrader*
24 sen si ß   36 quassa αß   41 Iuppiter hibernas *Quintilian*

plures adnabunt thynni et cetaria crescent.
si cui praeterea validus male filius in re 45
praeclara sublatus aletur, ne manifestum
caelibis obsequium nudet te, leniter in spem
adrepe officiosus, ut et scribare secundus
heres et, si quis casus puerum egerit Orco,
in vacuum venias : perraro haec alea fallit. 50
qui testamentum tradet tibi cumque legendum,
abnuere et tabulas a te removere memento,
sic tamen ut limis rapias quid prima secundo
cera velit versu ; solus multisne coheres,
veloci percurre oculo. plerumque recoctus 55
scriba ex quinqueviro corvum deludet hiantem,
captatorque dabit risus Nasica Corano.'
num furis ? an prudens ludis me obscura canendo ?
'o Laertiade, quidquid dicam aut erit aut non :
divinare etenim magnus mihi donat Apollo.' 60
quid tamen ista velit sibi fabula, si licet, ede.
'tempore quo iuvenis Parthis horrendus, ab alto
demissum genus Aenea, tellure marique
magnus erit, forti nubet procera Corano
filia Nasicae metuentis reddere soldum. 65
tum gener hoc faciet : tabulas socero dabit atque
ut legat orabit ; multum Nasica negatas
accipiet tandem et tacitus leget, invenietque
nil sibi legatum praeter plorare suisque.
illud ad haec iubeo : mulier si forte dolosa 70
libertusve senem delirum temperet, illis
accedas socius ; laudes, lauderis ut absens.
adiuvat hoc quoque ; sed vincit longe prius ipsum
expugnare caput. scribet mala carmina vecors :
laudato. scortator erit : cave te roget ; ultro 75
Penelopam facilis potiori trade.' putasne,
perduci poterit tam frugi tamque pudica,

α = aDEM] 48 arripe βa et ut E² : utei Teuffel 61 si licet
EMφ : scilicet aDψ 73 vincet a¹ 74 scribit β

quam nequiere proci recto depellere cursu?
' venit enim magnum donandi parca iuventus,
nec tantum Veneris, quantum studiosa culinae. 80
sic tibi Penelope frugi est, quae si semel uno
de sene gustarit tecum partita lucellum,
ut canis a corio numquam absterrebitur uncto.
me sene quod dicam factum est : anus improba Thebis
ex testamento sic est elata : cadaver 85
unctum oleo largo nudis umeris tulit heres,
scilicet elabi si posset mortua ; credo,
quod nimium institerat viventi. cautus adito :
neu desis operae neve immoderatus abundes.
difficilem et morosum offendet garrulus ; ultra 90
non etiam sileas. Davus sis comicus atque
stes capite obstipo, multum similis metuenti.
obsequio grassare ; mone, si increbruit aura,
cautus uti velet carum caput ; extrahe turba
oppositis umeris ; aurem substringe loquaci. 95
importunus amat laudari : donec ohe ! iam
ad caelum manibus sublatis dixerit, urge,
crescentem tumidis infla sermonibus utrem.
cum te servitio longo curaque levarit,
et certum vigilans, QVARTAE SIT PARTIS VLIXES, 100
audieris, HERES : "ergo nunc Dama sodalis
nusquam est? unde mihi tam fortem tamque fidelem?"
sparge subinde et, si paulum potes, illacrimare : est
gaudia prodentem vultum celare. sepulcrum
permissum arbitrio sine sordibus exstrue ; funus 105
egregie factum laudet vicinia. si quis
forte coheredum senior male tussiet, huic tu
dic, ex parte tua seu fundi sive domus sit
emptor, gaudentem nummo te addicere. sed me
imperiosa trahit Proserpina ; vive valeque.' 110

78-86 a = aDEM : 87-95 = aDM : 95 sqq. = a] 78 nequiere Ʂ :
nequivere aß   87 si aß : ut sic V   88 exstiterat ß   90 offendit
ß   ultro Ʂ   103 est del. a   illacrima, e re est Praedicow

VI

Hoc erat in votis: modus agri non ita magnus,
hortus ubi et tecto vicinus iugis aquae fons
et paulum silvae super his foret. auctius atque
di melius fecere. bene est. nil amplius oro,
Maia nate, nisi ut propria haec mihi munera faxis.   5
si neque maiorem feci ratione mala rem
nec sum facturus vitio culpave minorem,
si veneror stultus nihil horum, 'o si angulus ille
proximus accedat qui nunc denormat agellum!
o si urnam argenti fors quae mihi monstret, ut illi,   10
thesauro invento qui mercennarius agrum
illum ipsum mercatus aravit, dives amico
Hercule!' si quod adest gratum iuvat, hac prece te oro:
pingue pecus domino facias et cetera praeter
ingenium, utque soles custos mihi maximus adsis.   15
ergo ubi me in montis et in arcem ex urbe removi,
quid prius illustrem satiris musaque pedestri?
nec mala me ambitio perdit nec plumbeus Auster
autumnusque gravis, Libitinae quaestus acerbae.
Matutine pater, seu 'Iane' libentius audis,   20
unde homines operum primos vitaeque labores
instituunt, sic dis placitum, tu carminis esto
principium. Romae sponsorem me rapis: 'eia,
ne prior officio quisquam respondeat, urge.'
sive Aquilo radit terras seu bruma nivalem   25
interiore diem gyro trahit, ire necesse est.
postmodo quod mi obsit clare certumque locuto
luctandum in turba et facienda iniuria tardis.
'quid vis, insane, et quas res agis?' improbus urget
iratis precibus; 'tu pulses omne quod obstat,   30

α=a] VI 4 orto *sscr.* α   7 -que α   10 heu si β   11 tresauro α
23 Romam *Marcilius*   29 vis ϛ : tibi vis αβ   asine *Palmer*   quam
rem *Bentley*   agis *om.* ϛ

ad Maecenatem memori si mente recurras?'
hoc iuvat et melli est, non mentiar. at simul atras
ventum est Esquilias aliena negotia centum
per caput et circa saliunt latus. 'ante secundam
Roscius orabat sibi adesses ad Puteal cras.'   35
'de re communi scribae magna atque nova te
orabant hodie meminisses, Quinte, reverti.'
'imprimat his, cura, Maecenas signa tabellis.'
dixeris, 'experiar': 'si vis, potes' addit et instat.
septimus octavo propior iam fugerit annus   40
ex quo Maecenas me coepit habere suorum
in numero, dumtaxat ad hoc, quem tollere raeda
vellet iter faciens et cui concredere nugas
hoc genus, 'hora quota est? Thraex est Gallina Syro par?
matutina parum cautos iam frigora mordent':   45
et quae rimosa bene deponuntur in aure.
per totum hoc tempus subiectior in diem et horam
invidiae noster. ludos spectaverat una,
luserat in campo: 'Fortunae filius!' omnes.
frigidus a Rostris manat per compita rumor: 50
quicumque obvius est me consulit: 'o bone, nam te
scire, deos quoniam propius contingis, oportet,
numquid de Dacis audisti?' nil equidem. 'ut tu
semper eris derisor!' at omnes di exagitent me
si quicquam. 'quid, militibus promissa Triquetra   55
praedia Caesar an est Itala tellure daturus?'
iurantem me scire nihil mirantur ut unum
scilicet egregii mortalem altique silenti.
perditur haec inter misero lux non sine votis:
o rus, quando ego te aspiciam? quandoque licebit   60
nunc veterum libris, nunc somno et inertibus horis,
ducere sollicitae iucunda oblivia vitae?

α = aE (*in* 31–33 = a)]   38 tabellas β   40 propior E: proprior βa
44 callina E   48 spectaverit ς   49 luserit ς   52 proprius β
54 at ς: ad *codd.*   57 miratur β¹   59 mergitur *Madvig*: porgitur
Lachmann   haec inter periit *Peerlkamp*   61 hortis β¹

o quando faba Pythagorae cognata simulque
uncta satis pingui ponentur holuscula lardo?
o noctes cenaeque deum! quibus ipse meique   65
ante Larem proprium vescor vernasque procaces
pasco libatis dapibus. prout cuique libido est
siccat inaequalis calices conviva, solutus
legibus insanis, seu quis capit acria fortis
pocula seu modicis uvescit laetius. ergo   70
sermo oritur, non de villis domibusve alienis,
nec male necne Lepos saltet; sed quod magis ad nos
pertinet et nescire malum est agitamus: utrumne
divitiis homines an sint virtute beati;
quidve ad amicitias, usus rectumne, trahat nos;   75
et quae sit natura boni summumque quid eius.
Cervius haec inter vicinus garrit anilis
ex re fabellas. si quis nam laudat Arelli
sollicitas ignarus opes, sic incipit: 'olim
rusticus urbanum murem mus paupere fertur   80
accepisse cavo, veterem vetus hospes amicum,
asper et attentus quaesitis, ut tamen artum
solveret hospitiis animum. quid multa? neque ille
seposoti ciceris nec longae invidit avenae,
aridum et ore ferens acinum semesaque lardi   85
frusta dedit, cupiens varia fastidia cena
vincere tangentis male singula dente superbo;
cum pater ipse domus palea porrectus in horna
esset ador loliumque, dapis meliora relinquens.   89
tandem urbanus ad hunc "quid te iuvat" inquit, "amice,
praerupti nemoris patientem vivere dorso?
vis tu homines urbemque feris praeponere silvis?
carpe viam, mihi crede, comes; terrestria quando
mortalis animas vivunt sortita, neque ulla est
aut magno aut parvo leti fuga: quo, bone, circa,   95
dum licet, in rebus iucundis vive beatus;

α = aE] 67 prout α: cum ut ß   70 vescit ß: umescit Eψ²   72
necne pos E: nec lene post ß¹   77 vicino (-os E²) E   89 om. ß

vive memor, quam sis aevi brevis." haec ubi dicta
agrestem pepulere, domo levis exsilit; inde
ambo propositum peragunt iter, urbis aventes
moenia nocturni subrepere. iamque tenebat   100
nox medium caeli spatium, cum ponit uterque
in locuplete domo vestigia, rubro ubi cocco
tincta super lectos canderet vestis eburnos,
multaque de magna superessent fercula cena,
quae procul exstructis inerant hesterna canistris.   105
ergo ubi purpurea porrectum in veste locavit
agrestem, veluti succinctus cursitat hospes
continuatque dapes nec non verniliter ipsis
fungitur officiis, praelambens omne quod adfert.
ille cubans gaudet mutata sorte bonisque   110
rebus agit laetum convivam, cum subito ingens
valvarum strepitus lectis excussit utrumque.
currere per totum pavidi conclave, magisque
exanimes trepidare, simul domus alta Molossis
personuit canibus. tum rusticus "haud mihi vita   115
est opus hac" ait et "valeas: me silva cavusque
tutus ab insidiis tenui solabitur ervo." '

VII

' IAMDVDVM ausculto et cupiens tibi dicere servus
pauca reformido.' Davusne? 'ita, Davus, amicum
mancipium domino et frugi quod sit satis, hoc est
ut vitale putes.' age, libertate Decembri,
quando ita maiores voluerunt, utere; narra.   5
'pars hominum vitiis gaudet constanter et urget
propositum; pars multa natat, modo recta capessens,
interdum pravis obnoxia. saepe notatus
cum tribus anellis, modo laeva Priscus inani,
vixit inaequalis, clavum ut mutaret in horas,   10
aedibus ex magnis subito se conderet, unde

α = αE]   106 ubi om. β   108 ipse *Lambinus*   109 afflat β
VII *cum* VI *continuant* V(?)β   3 ' et frugi?' *Horatio ascribit Keck*

mundior exiret vix libertinus honeste;
iam moechus Romae, iam mallet doctus Athenis
vivere, Vertumnis quotquot sunt natus iniquis.
scurra Volanerius, postquam illi iusta cheragra   15
contudit articulos, qui pro se tolleret atque
mitteret in phimum talos, mercede diurna
conductum pavit; quanto constantior isdem
in vitiis, tanto levius miser ac prior illo,
qui iam contento, iam laxo fune laborat.'   20
non dices hodie, quorsum haec tam putida tendant,
furcifer? 'ad te, inquam.' quo pacto, pessime? 'laudas
fortunam et mores antiquae plebis, et idem
si quis ad illa deus subito te agat, usque recuses,
aut quia non sentis quod clamas rectius esse,   25
aut quia non firmus rectum defendis, et haeres
nequiquam caeno cupiens evellere plantam.
Romae rus optas, absentem rusticus urbem
tollis ad astra levis. si nusquam es forte vocatus
ad cenam laudas securum holus ac, velut usquam   30
vinctus eas, ita te felicem dicis amasque
quod nusquam tibi sit potandum. iusserit ad se
Maecenas serum sub lumina prima venire
convivam: "nemon oleum feret ocius? ecquis
audit?" cum magno blateras clamore fugisque.   35
Mulvius et scurrae tibi non referenda precati
discedunt. "etenim fateor me" dixerit ille
"duci ventre levem, nasum nidore supinor,
imbecillus, iners, si quid vis, adde, popino.
tu cum sis quod ego et fortassis nequior, ultro   40
insectere velut melior verbisque decoris

α = aE (27 sqq. = E)] 13 doctus a¹Eφ²: doctor βV 17 in pirgum
φ²   18 idem β²E   19 miser acrior α illo φ²: ille cett.   20
tam contento quam β   iam laxo] iam om. E   34 fert αψ²   et
quis α: haec quis β²   35 magna β furisque V 36 refrenanda
α   38 supino β¹

obvolvas vitium ? " quid, si me stultior ipso
quingentis empto drachmis deprenderis ? aufer
me vultu terrere ; manum stomachumque teneto,
dum quae Crispini docuit me ianitor edo.   45
te coniunx aliena capit, meretricula Davum :
peccat uter nostrum cruce dignius ? acris ubi me
natura intendit, sub clara nuda lucerna
quaecumque excepit turgentis verbera caudae,
clunibus aut agitavit equum lasciva supinum,   50
dimittit neque famosum neque sollicitum ne
ditior aut formae melioris meiat eodem.
tu cum proiectis insignibus, anulo equestri
Romanoque habitu, prodis ex iudice Dama
turpis, odoratum caput obscurante lacerna,   55
non es quod simulas ? metuens induceris atque
altercante libidinibus tremis ossa pavore.
quid refert, uri virgis, ferroque necari
auctoratus eas, an turpi clausus in arca,
quo te demisit peccati conscia erilis,   60
contractum genibus tangas caput ? estne marito
matronae peccantis in ambo iusta potestas ?
in corruptorem vel iustior. illa tamen se
non habitu mutatve loco, peccatve superne.
cum te formidet mulier neque credat amanti,   65
ibis sub furcam prudens, dominoque furenti
committes rem omnem et vitam et cum corpore famam.
evasti : credo, metues doctusque cavebis :
quaeres quando iterum paveas iterumque perire
possis, o totiens servus ! quae belua ruptis,   70
cum semel effugit, reddit se prava catenis ?
" non sum moechus " ais. neque ego, hercule, fur, ubi vasa
praetereo sapiens argentea : tolle periclum,
iam vaga prosiliet frenis natura remotis.
tune mihi dominus, rerum imperiis hominumque   75

α = E]   42 ipse α   53 te β¹   54 clama α   56 educeris v. l. β
61 contractu α : contractum ut ψ²   64 peccatque β

tot tantisque minor, quem ter vindicta quaterque
imposita haud umquam misera formidine privet?
adde super, dictis quod non levius valeat: nam
sive vicarius est qui servo paret, uti mos
vester ait, seu conservus, tibi quid sum ego? nempe 80
tu mihi qui imperitas alii servis miser atque
duceris ut nervis alienis mobile lignum.
quisnam igitur liber? sapiens sibi qui imperiosus,
quem neque pauperies neque mors neque vincula terrent,
responsare cupidinibus, contemnere honores   85
fortis, et in se ipso totus, teres, atque rotundus,
externi ne quid valeat per leve morari,
in quem manca ruit semper fortuna. potesne
ex his ut proprium quid noscere? quinque talenta
poscit te mulier, vexat foribusque repulsum   90
perfundit gelida, rursus vocat: eripe turpi
colla iugo; "liber, liber sum" dic age. non quis;
urget enim dominus mentem non lenis et acris
subiectat lasso stimulos versatque negantem.
vel cum Pausiaca torpes, insane, tabella,   95
qui peccas minus atque ego, cum Fulvi Rutubaeque
aut Pacideiani contento poplite miror
proelia rubrica picta aut carbone, velut si
re vera pugnent, feriant, vitentque moventes
arma viri? nequam et cessator Davus; at ipse   100
subtilis veterum iudex et callidus audis.
nil ego, si ducor libo fumante: tibi ingens
virtus atque animus cenis responsat opimis?
obsequium ventris mihi perniciosius est cur?
tergo plector enim. qui tu impunitior illa   105
quae parvo sumi nequeunt obsonia captas?
nempe inamarescunt epulae sine fine petitae.

α = E]   77 privat v. l. ß   78 supra (super φ²) ß   79 ut est mos
ß¹   80 quid ς : quod αß   81 aliis ß   83 qui ς : que αß   88
potestne ß¹   97 Pacideiani v. l. ß : placide iani (-ani E) αß¹   99
morientes (v. l. moventes) ß   100 et om. ß   105 quidum ß¹

illusique pedes vitiosum ferre recusant
corpus. an hic peccat, sub noctem qui puer uvam
furtiva mutat strigili? qui praedia vendit,   110
nil servile gulae parens habet? adde quod idem
non horam tecum esse potes, non otia recte
ponere, teque ipsum vitas fugitivus et erro,
iam vino quaerens, iam somno fallere curam :
frustra; nam comes atra premit sequiturque fugacem.' 115
unde mihi lapidem? 'quorsum est opus?' unde sagittas?
'aut insanit homo aut versus facit.' ocius hinc te
ni rapis, accedes opera agro nona Sabino.

VIII

Vт Nasidieni iuvit te cena beati?
nam mihi quaerenti convivam dictus here illic
de medio potare die. 'sic ut mihi numquam
in vita fuerit melius.' da, si grave non est,
quae prima iratum ventrem placaverit esca.   5
'in primis Lucanus aper; leni fuit Austro
captus, ut aiebat cenae pater; acria circum
rapula, lactucae, radices, qualia lassum
pervellunt stomachum, siser, allec, faecula Coa.
his ubi sublatis puer alte cinctus acernam   10
gausape purpureo mensam pertersit, et alter
sublegit quodcumque iaceret inutile quodque
posset cenantis offendere; ut Attica virgo
cum sacris Cereris procedit fuscus Hydaspes
Caecuba vina ferens, Alcon Chium maris expers.   15
hic erus: Albanum, Maecenas, sive Falernum
te magis appositis delectat, habemus utrumque.'
divitias miseras! sed quis cenantibus una,
Fundani, pulchre fuerit tibi, nosse laboro.
'summus ego et prope me Viscus Thurinus et infra,   20

α = *CE* (*in* 108–117 = *E*)]   112 putes *E*[1]   VIII 4 dic α   5 pac-
(pecc- *E*[1])averit α   10 ubi *Eß*[2]: ut *ß*[1]*C*   20 ego et˩ ego *C*   pro
me *V*

si memini, Varius ; cum Servilio Balatrone
Vibidius, quos Maecenas adduxerat umbras.
Nomentanus erat super ipsum, Porcius infra
ridiculus totas simul absorbere placentas ;
Nomentanus ad hoc, qui si quid forte lateret   25
indice monstraret digito : nam cetera turba,
nos, inquam, cenamus avis, conchylia, piscis,
longe dissimilem noto celantia sucum ;
ut vel continuo patuit, cum passeris atque
ingustata mihi porrexerat ilia rhombi.   30
post hoc me docuit melimela rubere minorem
ad lunam delecta.   quid hoc intersit ab ipso
audieris melius.   tum Vibidius Balatroni :
"nos nisi damnose bibimus moriemur inulti,"
et calices poscit maiores.   vertere pallor   35
tum parochi faciem nil sic metuentis ut acris
potores, vel quod male dicunt liberius vel
fervida quod subtile exsurdant vina palatum.
invertunt Allifanis vinaria tota
Vibidius Balatroque, secutis omnibus ; imi   40
convivae lecti nihilum nocuere lagoenis.
adfertur squillas inter murena natantis
in patina porrecta.   sub hoc erus : "haec gravida" inquit
"capta est, deterior post partum carne futura.
his mixtum ius est : oleo quod prima Venafri   45
pressit cella ; garo de sucis piscis Hiberi ;
vino quinquenni, verum citra mare nato,
dum coquitur (cocto Chium sic convenit, ut non
hoc magis ullum aliud) ; pipere albo, non sine aceto
quod Methymnaeam vitio mutaverit uvam.   50
erucas viridis, inulas ego primus amaras
monstravi incoquere, illutos Curtillus echinos,
ut melius muria quod testa marina remittat."

α = CE] 22 quas ς   adduxerit C   24 simul E et v. l. ψ : semel
ßC   30 porrexerat ς : porrexerit αß   40 imi E¹ : imis ßCE²
53 quo V : quam ς   remittat ß : remittit CE² : remittas E¹

interea suspensa gravis aulaea ruinas
in patinam fecere, trahentia pulveris atri   55
quantum non Aquilo Campanis excitat agris.
nos maius veriti, postquam nihil esse pericli
sensimus, erigimur. Rufus posito capite, ut si
filius immaturus obisset, flere. quis esset
finis ni sapiens sic Nomentanus amicum   60
tolleret "heu, Fortuna, quis est crudelior in nos
te deus? ut semper gaudes illudere rebus
humanis!" Varius mappa compescere risum
vix poterat. Balatro suspendens omnia naso
"haec est condicio vivendi" aiebat, "eoque   65
responsura tuo numquam est par fama labori.
tene, ut ego accipiar laute, torquerier omni
sollicitudine districtum, ne panis adustus,
ne male conditum ius apponatur, ut omnes
praecincti recte pueri comptique ministrent!   70
adde hos praeterea casus, aulaea ruant si,
ut modo; si patinam pede lapsus frangat agaso.
sed convivatoris uti ducis ingenium res
adversae nudare solent, celare secundae."
Nasidienus ad haec "tibi di quaecumque preceris   75
commoda dent! ita vir bonus es convivaque comis":
et soleas poscit. tum in lecto quoque videres
stridere secreta divisos aure susurros.'
nullos his mallem ludos spectasse; sed illa
redde age quae deinceps risisti. 'Vibidius dum   80
quaerit de pueris num sit quoque fracta lagoena,
quod sibi poscenti non dantur pocula, dumque
ridetur fictis rerum, Balatrone secundo,
Nasidiene, redis mutatae frontis, ut arte
emendaturus fortunam: deinde secuti   85
mazonomo pueri magno discerpta ferentes

membra gruis sparsi sale multo, non sine farre,
pinguibus et ficis pastum iecur anseris albae,
et leporum avulsos, ut multo suavius, armos,
quam si cum lumbis quis edit; tum pectore adusto   90
vidimus et merulas poni et sine clune palumbes,
suavis res, si non causas narraret earum et
naturas dominus; quem nos sic fugimus ulti,
ut nihil omnino gustaremus, velut illis
Canidia adflasset peior serpentibus Afris.'   95

α = *CE*] 88 albae *V*: albi αβ   90 cum pectore α   95 afris *E*
et v. l. β: atris β¹*C*

Q. HORATI FLACCI

EPISTVLARVM

LIBER PRIMVS

I

Pʀɪᴍᴀ dicte mihi, summa dicende Camena,
spectatum satis et donatum iam rude quaeris,
Maecenas, iterum antiquo me includere ludo.
non eadem est aetas, non mens. Veianius armis
Herculis ad postem fixis latet abditus agro,   5
ne populum extrema totiens exoret harena.
est mihi purgatam crebro qui personet aurem
'solve senescentem mature sanus equum, ne
peccet ad extremum ridendus et ilia ducat.'
nunc itaque et versus et cetera ludicra pono;   10
quid verum atque decens, curo et rogo et omnis in hoc sum;
condo et compono quae mox depromere possim.
ac ne forte roges quo me duce, quo lare tuter,
nullius addictus iurare in verba magistri,
quo me cumque rapit tempestas, deferor hospes.   15
nunc agilis fio et mersor civilibus undis,
virtutis verae custos rigidusque satelles;
nunc in Aristippi furtim praecepta relabor,

α = aEM]   I 3 inducere δ¹π   6 nec E   exoret aEMπ et pro var.
,ect. φψ : exornet δφψ   14 addictus β : adductus αδ²

et mihi res, non me rebus subiungere conor.
ut nox longa quibus mentitur amica, diesque   20
longa videtur opus debentibus, ut piger annus
pupillis quos dura premit custodia matrum ;
sic mihi tarda fluunt ingrataque tempora, quae spem
consiliumque morantur agendi naviter id quod
aeque pauperibus prodest, locupletibus aeque,   25
aeque neglectum pueris senibusque nocebit.
restat ut his ego me ipse regam solerque elementis.
non possis oculo quantum contendere Lynceus,
non tamen idcirco contemnas lippus inungi ;
nec quia desperes invicti membra Glyconis,   30
nodosa corpus nolis prohibere cheragra.
est quadam prodire tenus, si non datur ultra.
fervet avaritia miseroque cupidine pectus :
sunt verba et voces quibus hunc lenire dolorem
possis et magnam morbi deponere partem.   35
laudis amore tumes : sunt certa piacula quae te
ter pure lecto poterunt recreare libello.
invidus, iracundus, iners, vinosus, amator,
nemo adeo ferus est ut non mitescere possit,
si modo culturae patientem commodet aurem.   40
virtus est vitium fugere, et sapientia prima
stultitia caruisse. vides quae maxima credis
esse mala, exiguum censum turpemque repulsam,
quanto devites animi capitisque labore.
impiger extremos curris mercator ad Indos,   45
per mare pauperiem fugiens, per saxa, per ignis :
ne cures ea, quae stulte miraris et optas,
discere et audire et meliori credere non vis ?
quis circum pagos et circum compita pugnax
magna coronari contemnat Olympia, cui spes,   50

$\alpha = aEM$]   28 oculos ς 30 Milonis *agnoscit Acr.*   32 quodam $a^2\delta\pi^1\psi^2$ 48 dicere (disc- $\delta^2\pi^2$) B

cui sit condicio dulcis sine pulvere palmae?
vilius argentum est auro, virtutibus aurum.
'o cives, cives, quaerenda pecunia primum est;
virtus post nummos': haec Ianus summus ab imo
prodocet, haec recinunt iuvenes dictata senesque,   55
laevo suspensi loculos tabulamque lacerto.
est animus tibi, sunt mores est lingua fidesque,
sed quadringentis sex septem milia desunt :
plebs eris.   at pueri ludentes 'rex eris' aiunt,
'si recte facies.' hic murus aeneus esto,   60
nil conscire sibi, nulla pallescere culpa.
Roscia, dic sodes, melior lex an puerorum est
nenia, quae regnum recte facientibus offert,
et maribus Curiis et decantata Camillis?
isne tibi melius suadet qui, rem facias, rem,   65
si possis recte, si non, quocumque modo rem,
ut propius spectes lacrimosa poemata Pupi,
an qui Fortunae te responsare superbae
liberum et erectum praesens hortatur et aptat?
quodsi me populus Romanus forte roget cur   70
non ut porticibus sic iudiciis fruar isdem,
nec sequar aut fugiam quae diligit ipse vel odit,
olim quod vulpes aegroto cauta leoni
respondit referam : 'quia me vestigia terrent,
omnia te adversum spectantia, nulla retrorsum.'   75
belua multorum es capitum.   nam quid sequar aut quem?
pars hominum gestit conducere publica, sunt qui
frustis et pomis viduas venentur avaras,
excipiantque senes quos in vivaria mittant;
multis occulto crescit res faenore.   verum   80
esto aliis alios rebus studiisque teneri :

α = aEM⟩ 55 senesque et *Markland*   56 *del. Guietus*   57-58
hoc ordine E: 57 *post* 58 *cett.*   57 ast animus δ   est lingua *E*: et
lingua *cett.*   58 sed] si ϛ   desint π²φψ   65 facias] tibi facias
E   69 optat ϛ   71 idem *E*'π'   72 ne *E*   aut α: et δπ: ac
φψ   quem π   76 quae β   78 crustis ϛ

idem eadem possunt horam durare probantes?
'nullus in orbe sinus Bais praelucet amoenis'
si dixit dives, lacus et mare sentit amorem
festinantis eri; cui si vitiosa libido   85
fecerit auspicium, cras ferramenta Teanum
tolletis, fabri. lectus genialis in aula est :
nil ait esse prius, melius nil caelibe vita :
si non est, iurat bene solis esse maritis.
quo teneam vultus mutantem Protea nodo?   90
quid pauper? ride : mutat cenacula, lectos,
balnea, tonsores, conducto navigio aeque
nauseat ac locuples quem ducit priva triremis.
si curatus inaequali tonsore capillos
occurri, rides; si forte subucula pexae   95
trita subest tunicae vel si toga dissidet impar,
rides : quid mea cum pugnat sententia secum,
quod petiit spernit, repetit quod nuper omisit,
aestuat et vitae disconvenit ordine toto,
diruit, aedificat, mutat quadrata rotundis?   100
insanire putas sollemnia me neque rides,
nec medici credis nec curatoris egere
a praetore dati, rerum tutela mearum
cum sis et prave sectum stomacheris ob unguem
de te pendentis, te respicientis amici.   105
ad summam, sapiens uno minor est Iove, dives,
liber, honoratus, pulcher, rex denique regum;
praecipue sanus, nisi cum pituita molesta est.

II

TROIANI belli scriptorem, Maxime Lolli,
dum tu declamas Romae, Praeneste relegi;
qui quid sit pulchrum, quid turpe, quid utile, quid non,
planius ac melius Chrysippo et Crantore dicit.

α = aEM] 83 urbe (orbe π¹φ²ψ²) β 95 occurrit a² 97 mecum
δ¹π 101 putas αδ : putat πφψ II 4 pienius (plan- δ²) β

cur ita crediderim, nisi quid te distinet, audi.   5
fabula, qua Paridis propter narratur amorem
Graecia Barbariae lento collisa duello,
stultorum regum et populorum continet aestus.
Antenor censet belli praecidere causam :
quid Paris ? ut salvus regnet vivatque beatus   10
cogi posse negat. Nestor componere litis
inter Peliden festinat et inter Atriden ;
hunc amor, ira quidem communiter urit utrumque.
quidquid delirant reges plectuntur Achivi.
seditione, dolis, scelere atque libidine et ira   15
Iliacos intra muros peccatur et extra.
rursus quid virtus et quid sapientia possit
utile proposuit nobis exemplar Vlixen,
qui domitor Troiae multorum providus urbis
et mores hominum inspexit, latumque per aequor,   20
dum sibi, dum sociis reditum parat, aspera multa
pertulit, adversis rerum immersabilis undis.
Sirenum voces et Circae pocula nosti ;
quae si cum sociis stultus cupidusque bibisset,
sub domina meretrice fuisset turpis et excors,   25
vixisset canis immundus vel amica luto sus.
nos numerus sumus et fruges consumere nati,
sponsi Penelopae, nebulones, Alcinoique
in cute curanda plus aequo operata iuventus,
cui pulchrum fuit in medios dormire dies et   30
ad strepitum citharae cessatum ducere curam.
ut iugulent hominem surgunt de nocte latrones :
ut te ipsum serves non expergisceris ? atqui
si noles sanus, curres hydropicus ; et ni

α = *aEM*}   5 distinet β*E*¹ : destinet *aE*¹(?) : detinet *E*²*M*   8
aestum (-us δ²) β*V*   9 belli censet *E*   10 quid απδ² : quod *cett.* :
quod Paris, ut *Bentley*   13 hunc αδ² : nunc β   19 dominator φψ
31 curam] somnum *E et pro var. lect.* δ²π   33 atqui αδ² : atque *V*β
34 nolis ⌐   cures δ¹φψ*E*²

posces ante diem librum cum lumine, si non 35
intendes animum studiis et rebus honestis,
invidia vel amore vigil torquebere. nam cur
quae laedunt oculos festinas demere, si quid
est animum, differs curandi tempus in annum?
dimidium facti qui coepit habet : sapere aude : 40
incipe. qui recte vivendi prorogat horam,
rusticus exspectat dum defluat amnis : at ille
labitur et labetur in omne volubilis aevum.
quaeritur argentum puerisque beata creandis
uxor et incultae pacantur vomere silvae. 45
quod satis est cui contingit nihil amplius optet.
non domus et fundus, non aeris acervus et auri
aegroto domini deduxit corpore febris,
non animo curas. valeat possessor oportet,
si comportatis rebus bene cogitat uti. 50
qui cupit aut metuit, iuvat illum sic domus et res
ut lippum pictae tabulae, fomenta podagrum,
auriculas citharae collecta sorde dolentis.
sincerum est nisi vas, quodcumque infundis acescit.
sperne voluptates : nocet empta dolore voluptas. 55
semper avarus eget : certum voto pete finem.
invidus alterius macrescit rebus opimis :
invidia Siculi non invenere tyranni
maius tormentum. qui non moderabitur irae
infectum volet esse dolor quod suaserit et mens, 60
dum poenas odio per vim festinat inulto.
ira furor brevis est : animum rege, qui nisi paret,
imperat ; hunc frenis, hunc tu compesce catena.
fingit equum tenera docilem cervice magister
ire viam qua monstret eques ; venaticus, ex quo 65
tempore cervinam pellem latravit in aula,
militat in silvis catulus. nunc adbibe puro

α = aEM] 38 oculos aδ²M : oculum ßE quod φψ 41 ita E : vivendi qui recte cett. 46 contigit δ : contigit is V² 52 podagram codd. corr. ⟨ 58 om. δ¹ 59 iram ß 60 exmens, amens ⟨

pectore verba puer, nunc te melioribus offer.
quo semel est imbuta recens servabit odorem
testa diu. quodsi cessas aut strenuus anteis,   70
nec tardum opperior nec praecedentibus insto.

III

IVLI FLORE, quibus terrarum militet oris
Claudius Augusti privignus, scire laboro.
Thracane vos Hebrusque nivali compede vinctus,
an freta vicinas inter currentia turris,
an pingues Asiae campi collesque morantur?   5
quid studiosa cohors operum struit? hoc quoque curo.
quis sibi res gestas Augusti scribere sumit?
bella quis et paces longum diffundit in aevum?
quid Titius, Romana brevi venturus in ora?
Pindarici fontis qui non expalluit haustus,   10
fastidire lacus et rivos ausus apertos.
ut valet? ut meminit nostri? fidibusne Latinis
Thebanos aptare modos studet auspice Musa,
an tragica desaevit et ampullatur in arte?
quid mihi Celsus agit, monitus multumque monendus 15
privatas ut quaerat opes, et tangere vitet
scripta Palatinus quaecumque recepit Apollo,
ne, si forte suas repetitum venerit olim
grex avium plumas, moveat cornicula risum
furtivis nudata coloribus? ipse quid audes?   20
quae circumvolitas agilis thyma? non tibi parvum
ingenium, non incultum est et turpiter hirtum.
seu linguam causis acuis seu civica iura
respondere paras seu condis amabile carmen,
prima feres hederae victricis praemia. quodsi   25
frigida curarum fomenta relinquere posses,

a = aEM] III 3 Threcane E   4 terras Vδ²π : terres δ¹   19
vulpecula risum *Servius*   22 nec π²φψ   24 responsare E   26
post 27 collocat Hitzig

quo te caelestis sapientia duceret ires.
hoc opus, hoc studium parvi properemus et ampli,
si patriae volumus, si nobis vivere cari.
debes hoc etiam rescribere, sit tibi curae   30
quantae conveniat Munatius.   an male sarta
gratia nequiquam coit et rescinditur, ac vos
seu calidus sanguis seu rerum inscitia vexat
indomita cervice feros ?   ubicumque locorum
vivitis, indigni fraternum rumpere foedus,   35
pascitur in vestrum reditum votiva iuvenca.

IV

ALBI, nostrorum sermonum candide iudex,
quid nunc te dicam facere in regione Pedana ?
scribere quod Cassi Parmensis opuscula vincat,
an tacitum silvas inter reptare salubris,
curantem quidquid dignum sapiente bonoque est?   5
non tu corpus eras sine pectore.   di tibi formam,
di tibi divitias dederunt artemque fruendi.
quid voveat dulci nutricula maius alumno,
qui sapere et fari possit quae sentiat, et cui
gratia, fama, valetudo contingat abunde,   10
et mundus victus non deficiente crumina ?
inter spem curamque, timores inter et iras,
omnem crede diem tibi diluxisse supremum.
grata superveniet quae non sperabitur hora.
me pinguem et nitidum bene curata cute vises   15
cum ridere voles Epicuri de grege porcum.

V

SI potes Archiacis conviva recumbere lectis
nec modica cenare times holus omne patella,

a = aEM]   30 si δ¹ (si . . . curae est *Bentley*)   33 seu . . . seu ϛ :
heu . . . heu *V*aβ   veri *Bentley*   IV 5 bonumque π¹   7 dederant
EM   9 quin aE²φδ² : qun *M* : quam ϛ   11 mundus aδ²π² : modus
et Ł : domus et *Bentley*   12 tumores . . . iram *E*   16 de] cū *E*

supremo te sole domi, Torquate, manebo.
vina bibes iterum Tauro diffusa palustris
inter Minturnas Sinuessanumque Petrinum.   5
si melius quid habes, arcesse vel imperium fer.
iamdudum splendet focus et tibi munda supellex.
mitte levis spes et certamina divitiarum
et Moschi causam : cras nato Caesare festus
dat veniam somnumque dies ; impune licebit   10
aestivam sermone benigno tendere noctem.
quo mihi fortunam, si non conceditur uti ?
parcus ob heredis curam nimiumque severus
adsidet insano.   potare et spargere flores
incipiam, patiarque vel inconsultus haberi.   15
quid non ebrietas dissignat ?   operta recludit,
spes iubet esse ratas, ad proelia trudit inertem ;
sollicitis animis onus eximit, addocet artis.
fecundi calices quem non fecere disertum ?
contracta quem non in paupertate solutum ?   20
haec ego procurare et idoneus imperor et non
invitus, ne turpe toral, ne sordida mappa
corruget naris, ne non et cantharus et lanx
ostendat tibi te, ne fidos inter amicos
sit qui dicta foras eliminet, ut coeat par   25
iungaturque pari.   Butram tibi Septiciumque,
et nisi cena prior potiorque puella Sabinum
detinet adsumam : locus est et pluribus umbris,
sed nimis arta premunt olidae convivia caprae.
tu quotus esse velis rescribe, et rebus omissis   30
atria servantem postico falle clientem.

a = aEM]   V 11 festivam ς : festinam *schol. cod. Paris.* 7975   12
fortuna δ²ς   16 designat aφ¹   17 inertem ßE : inermem aMδ²φ¹ψ¹
18 et docet E   19 fecundi aMπ²φψ : facundi Eδπ   25 ut] et π²φψ
26 brutam Eψ   septimiumque ς   28 adsumam E : assumas M :
ad summam (adsummam) *cett.*

VI

Nɪʟ admirari prope res est una, Numici,
solaque quae possit facere et servare beatum.
hunc solem et stellas et decedentia certis
tempora momentis sunt qui formidine nulla
imbuti spectent : quid censes munera terrae,   5
quid maris extremos Arabas ditantis et Indos,
ludicra quid, plausus et amici dona Quiritis,
quo spectanda modo, quo sensu credis et ore?
qui timet his adversa, fere miratur eodem
quo cupiens pacto ; pavor est utrobique molestus.   10
improvisa simul species exterret utrumque.
gaudeat an doleat, cupiat metuatne, quid ad rem,
si, quidquid vidit melius peiusve sua spe,
defixis oculis animoque et corpore torpet?
insani sapiens nomen ferat, aequus iniqui,   15
ultra quam satis est virtutem si petat ipsam.
i nunc, argentum et marmor vetus aeraque et artis
suspice, cum gemmis Tyrios mirare colores ;
gaude quod spectant oculi te mille loquentem ;
navus mane forum et vespertinus pete tectum,   20
ne plus frumenti dotalibus emetat agris
Mutus et (indignum, quod sit peioribus ortus)
hic tibi sit potius quam tu mirabilis illi.
quidquid sub terra est in apricum proferet aetas ;
defodiet condetque nitentia. cum bene notum   25
porticus Agrippae et via te conspexerit Appi,
ire tamen restat Numa quo devenit et Ancus.
si latus aut renes morbo temptantur acuto,
quaere fugam morbi. vis recte vivere : quis non?
si virtus hoc una potest dare, fortis omissis   30
hoc age deliciis. virtutem verba putas et

---

a = aEM]   VI 5–8 *alii aliter interpunxerunt*   6 *om. E add. ead. m.*
10 est *om.* φ   utrubique E   11 exercet ς : externat *Jacobs* : ex-
terruit utrum a¹E   16 petet aM   18 suscipe Eπ¹   19 spectent
E   24 proferet E : proferat ßaM   26 et *om.* aπ   31 ut ς

lucum ligna : cave ne portus occupet alter,
ne Cibyratica, ne Bithyna negotia perdas ;
mille talenta rotundentur, totidem altera, porro et
tertia succedant et quae pars quadret acervum.   35
scilicet uxorem cum dote fidemque et amicos
et genus et formam regina Pecunia donat,
ac bene nummatum decorat Suadela Venusque.
mancipiis locuples eget aeris Cappadocum rex :
ne fueris hic tu. chlamydes Lucullus, ut aiunt,   40
si posset centum scaenae praebere rogatus,
'qui possum tot ?' ait : 'tamen et quaeram et quot habebo
mittam.' post paulo scribit sibi milia quinque
esse domi chlamydum ; partem vel tolleret omnis.
exilis domus est ubi non et multa supersunt   45
et dominum fallunt et prosunt furibus. ergo,
si res sola potest facere et servare beatum,
hoc primus repetas opus, hoc postremus omittas.
si fortunatum species et gratia praestat,
mercemur servum qui dictet nomina, laevum   50
qui fodicet latus et cogat trans pondera dextram
porrigere : 'hic multum in Fabia valet, ille Velina ;
cui libet hic fascis dabit eripietque curule
cui volet importunus ebur.' frater, pater, adde ;
ut cuique est aetas, ita quemque facetus adopta.   55
si bene qui cenat bene vivit, lucet, eamus
quo ducit gula, piscemur, venemur, ut olim
Gargilius, qui mane plagas, venabula, servos
differtum transire forum populumque iubebat,
unus ut e multis populo spectante referret   60
emptum mulus aprum. crudi tumidique lavemur,
quid deceat, quid non, obliti, Caerite cera
digni, remigium vitiosum Ithacensis Vlixei,

α = aEM (57 sqq. = aE)]   32 lusu digna *Clericus*   34 et om. aMδ¹
35 quadrat aMπ   36 et om. E   40 nec E   48 primum β   50
laevum E : saevum cett. : scaevum P. Pithoeus   51 pondera αδ² et
sscr. φψ : pondere β¹   53 hic] his π : is δ   58 Gragilius β

cui potior patria fuit interdicta voluptas.
si, Mimnermus uti censet, sine amore iocisque   65
nil est iucundum, vivas in amore iocisque.
vive, vale. si quid novisti rectius istis,
candidus imperti : si nil, his utere mecum.

VII

QVINQVE dies tibi pollicitus me rure futurum,
Sextilem totum mendax desideror. atqui,
si me vivere vis sanum recteque valentem,
quam mihi das aegro, dabis aegrotare timenti,
Maecenas, veniam, dum ficus prima calorque   5
dissignatorem decorat lictoribus atris,
dum pueris omnis pater et matercula pallet,
officiosaque sedulitas et opella forensis
adducit febris et testamenta resignat.
quodsi bruma nives Albanis illinet agris,   10
ad mare descendet vates tuus et sibi parcet
contractusque leget : te, dulcis amice, reviset
cum Zephyris, si concedes, et hirundine prima.
non quo more piris vesci Calaber iubet hospes
tu me fecisti locupletem. ‘ vescere sodes.’   15
‘ iam satis est.’ ‘ at tu quantum vis tolle.’ ‘ benigne.’
‘ non invisa feres pueris munuscula parvis.’
‘ tam teneor dono, quam si dimittar onustus.’
‘ ut libet ; haec porcis hodie comedenda relinques.’
prodigus et stultus donat quae spernit et odit :   20
haec seges ingratos tulit et feret omnibus annis.
vir bonus et sapiens dignis ait esse paratus,
nec tamen ignorat quid distent aera lupinis.
dignum praestabo me etiam pro laude merentis.

a = aE] 64 patriae $\delta^1\pi\psi^1$ 68 si non $\mathfrak{B}$ VII 2 atqui $E^1\delta^2\pi^2$:
atque *cett.*   3 vis recteque (sanum *sscr.*) $\phi\psi$: vis recteque videre δ^1
5 colorque a 9 adducet $\delta\pi^1$ 13 concedis E 19 relinquis $\phi\psi$
21 ingrato $E^2\delta^2$: ingratis $\pi^2\phi\psi$

quodsi me noles usquam discedere, reddes   25
forte latus, nigros angusta fronte capillos,
reddes dulce loqui, reddes ridere decorum et
inter vina fugam Cinarae maerere protervae.
forte per angustam tenuis vulpecula rimam
repserat in cumeram frumenti, pastaque rursus   30
ire foras pleno tendebat corpore frustra.
cui mustela procul ' si vis' ait ' effugere istinc,
macra cavum repetes artum, quem macra subisti.'
hac ego si compellor imagine, cuncta resigno;
nec somnum plebis laudo satur altilium nec   35
otia divitiis Arabum liberrima muto.
saepe verecundum laudasti, rexque paterque
audisti coram, nec verbo parcius absens:
inspice si possum donata reponere laetus.
haud male Telemachus, proles patientis Vlixei,   40
' non est aptus equis Ithace locus, ut neque planis
porrectus spatiis nec multae prodigus herbae:
Atride, magis apta tibi tua dona relinquam.'
parvum parva decent: mihi iam non regia Roma,
sed vacuum Tibur placet aut imbelle Tarentum.   45
strenuus et fortis causisque Philippus agendis
clarus, ab officiis octavam circiter horam
dum redit atque Foro nimium distare Carinas
iam grandis natu queritur, conspexit, ut aiunt,
adrasum quendam vacua tonsoris in umbra   50
cultello proprios purgantem leniter unguis.
' Demetri,'—puer hic non laeve iussa Philippi
accipiebat—' abi, quaere et refer, unde domo, quis,
cuius fortunae, quo sit patre quove patrono.'
it, redit et narrat, Vulteium nomine Menam,   55
praeconem, tenui censu, sine crimine, notum

α = *aE*]   29 nitedula *Bentley*   37 rex (-que *om.*) *E*   40 aut π:
at δ'φψ   sapientis (*corr. E²*) *E*   46 *hinc nova epistula in* φψ   49
ut *om. E¹*   51 purgantem] resecantem (sec- *al. man.*) *E*   55 it
αδ: et *cett.*

et properare loco et cessare et quaerere et uti,
gaudentem parvisque sodalibus et lare certo
et ludis et post decisa negotia Campo.
' scitari libet ex ipso quodcumque refers ; dic   60
ad cenam veniat.' non sane credere Mena,
mirari secum tacitus. quid multa ? ' benigne '
respondet. ' neget ille mihi ? ' ' negat improbus et te
neglegit aut horret.' Vulteium mane Philippus
vilia vendentem tunicato scruta popello   65
occupat et salvere iubet prior. ille Philippo
excusare laborem et mercennaria vincla,
quod non mane domum venisset, denique quod non
providisset eum. ' sic ignovisse putato
me tibi, si cenas hodie mecum.' ' ut libet.' ' ergo   70
post nonam venies ; nunc i, rem strenuus auge.'
ut ventum ad cenam est, dicenda tacenda locutus
tandem dormitum dimittitur. hic ubi saepe
occultum visus decurrere piscis ad hamum,
mane cliens et iam certus conviva, iubetur   75
rura suburbana indictis comes ire Latinis.
impositus mannis arvum caelumque Sabinum
non cessat laudare. videt ridetque Philippus,
et sibi dum requiem, dum risus undique quaerit,
dum septem donat sestertia, mutua septem   80
promittit, persuadet uti mercetur agellum.
mercatur. ne te longis ambagibus ultra
quam satis est morer, ex nitido fit rusticus atque
sulcos et vineta crepat mera ; praeparat ulmos,
immoritur studiis et amore senescit habendi.   85
verum ubi oves furto, morbo periere capellae,
spem mentita seges, bos est enectus arando,
offensus damnis media de nocte caballum
arripit iratusque Philippi tendit ad aedis.

$\alpha = aE$]   57 loco $\alpha\delta^2\pi^2$: locum ß   58 curto ς   63 negat ille $aE^2\psi^2$ *alterum* negat *om.* π   72 est *om.* π   73 dormitum est π   hic *om.* ß¹ (*add.* $\delta^2\pi^2$): ast ϕ^2 : est ψ^2 82 nec π   ambiguus π¹   89 eripit (arr- *var. lect.* φ) φπ *in ras.*

quem simul aspexit scabrum intonsumque Philippus,   90
'durus' ait, 'Vultei, nimis attentusque videris
esse mihi.' 'pol me miserum, patrone, vocares,
si velles' inquit 'verum mihi ponere nomen!
quod te per Genium dextramque deosque Penatis
obsecro et obtestor, vitae me redde priori.'   95
qui semel aspexit quantum dimissa petitis
praestent, mature redeat repetatque relicta.
metiri se quemque suo modulo ac pede verum est.

VIII

CELSO gaudere et bene rem gerere Albinovano
Musa rogata refer, comiti scribaeque Neronis.
si quaeret quid agam, dic multa et pulchra minantem
vivere nec recte nec suaviter; haud quia grando
contuderit vitis oleamque momorderit aestus,   5
nec quia longinquis armentum aegrotet in agris;
sed quia mente minus validus quam corpore toto
nil audire velim, nil discere, quod levet aegrum;
fidis offendar medicis, irascar amicis,
cur me funesto properent arcere veterno;   10
quae nocuere sequar, fugiam quae profore credam;
Romae Tibur amem ventosus, Tibure Romam.
post haec ut valeat, quo pacto rem gerat et se,
ut placeat iuveni percontare, utque cohorti.
si dicet 'recte,' primum gaudere, subinde   15
praeceptum auriculis hoc instillare memento:
ut tu fortunam, sic nos te, Celse, feremus.

α = aE] 93 ponere Vα : dicere ß   96 semel ϛ : simul Vαß
aspexit] adgnovit *Holder propter v.* 90   VIII 3 quaerit a   4 aut π¹
5 oleamve *E*   8 *hinc deficit* δ *ad* ii. 2. 19   10 cur mihi
E   urguere π   12 ventosus απ² *et pro var. lect.* ψ : venturus Vß
14 atque *E*²

Q. HORATI FLACCI

IX

Sᴇᴘᴛɪᴍɪᴠs, Claudi, nimirum intellegit unus
quanti me facias. nam cum rogat et prece cogit
scilicet ut tibi se laudare et tradere coner,
dignum mente domoque legentis honesta Neronis,
munere cum fungi propioris censet amici,   5
quid possim videt ac novit me valdius ipso.
multa quidem dixi cur excusatus abirem ;
sed timui mea ne finxisse minora putarer,
dissimulator opis propriae, mihi commodus uni.
sic ego, maioris fugiens opprobria culpae,   10
frontis ad urbanae descendi praemia. quodsi
depositum laudas ob amici iussa pudorem,
scribe tui gregis hunc et fortem crede bonumque.

X

Vʀʙɪs amatorem Fuscum salvere iubemus
ruris amatores, hac in re scilicet una
multum dissimiles, at cetera paene gemelli
fraternis animis—quidquid negat alter et alter—
adnuimus pariter vetuli notique columbi.   5
tu nidum servas ; ego laudo ruris amoeni
rivos et musco circumlita saxa nemusque.
quid quaeris ? vivo et regno simul ista reliqui
quae vos ad caelum fertis rumore secundo,
utque sacerdotis fugitivus liba recuso,   10
pane egeo iam mellitis potiore placentis.
vivere naturae si convenienter oportet,
ponendaeque domo quaerenda est area primum,
novistine locum potiorem rure beato ?
est ubi plus tepeant hiemes, ubi gratior aura   15
leniat et rabiem Canis et momenta Leonis,

α = aE] IX 3 scilicet, ut *Bentley*   6 ac novit *E* : agnovit *cett.*
8 ne aπ : non φψ   13 *om.* π¹   X 3 at *VE* : ad ßa   4 si quid
E   5 vetulis notisque columbis *V*²   9 effertis *V*   12 sic φψ
16 cani fert *E*¹

cum semel accepit Solem furibundus acutum?
est ubi divellat somnos minus invida cura?
deterius Libycis olet aut nitet herba lapillis?
purior in vicis aqua tendit rumpere plumbum,   20
quam quae per pronum trepidat cum murmure rivum?
nempe inter varias nutritur silva columnas,
laudaturque domus longos quae prospicit agros.
naturam expelles furca, tamen usque recurret,
et mala perrumpet furtim fastidia victrix.   25
non qui Sidonio contendere callidus ostro
nescit Aquinatem potantia vellera fucum
certius accipiet damnum propiusve medullis,
quam qui non poterit vero distinguere falsum.
quem res plus nimio delectavere secundae,   30
mutatae quatient. si quid mirabere, pones
invitus. fuge magna : licet sub paupere tecto
reges et regum vita praecurrere amicos.
cervus equum pugna melior communibus herbis
pellebat, donec minor in certamine longo   35
imploravit opes hominis frenumque recepit;
sed postquam victor violens discessit ab hoste,
non equitem dorso, non frenum depulit ore.
sic qui pauperiem veritus potiore metallis
libertate caret, dominum vehet improbus atque   40
serviet aeternum, quia parvo nesciet uti.
cui non conveniet sua res, ut calceus olim,
si pede maior erit, subvertet, si minor, uret.
laetus sorte tua vives sapienter, Aristi,
nec me dimittes incastigatum, ubi plura   45
cogere quam satis est ac non cessare videbor.
imperat aut servit collecta pecunia cuique,

α = *aE*] 18 depellat *aE*²   24 expellas Ϛ   25 fastidia *E* :
fastigia β*a* : vestigia *V*   28 propiusque *a*   36 regnumque (*sscr.*
frenum) π   37 violens victor *E* : victo ridens *Haupt. alii alia*   40
vehit *E*   42 et φψ   47 haut *Waddel*

tortum digna sequi potius quam ducere funem.
haec tibi dictabam post fanum putre Vacunae,
excepto quod non simul esses cetera laetus.   50

XI

Qvid tibi visa Chios, Bullati, notaque Lesbos,
quid concinna Samos, quid Croesi regia Sardis,
Zmyrna quid et Colophon, maiora minorane fama?
cunctane prae Campo et Tiberino flumine sordent?
an venit in votum Attalicis ex urbibus una,   5
an Lebedum laudas odio maris atque viarum?
'scis Lebedus quid sit; Gabiis desertior atque
Fidenis vicus; tamen illic vivere vellem,
oblitusque meorum obliviscendus et illis
Neptunum procul e terra spectare furentem.'   10
sed neque qui Capua Romam petit imbre lutoque
aspersus volet in caupona vivere; nec qui
frigus collegit, furnos et balnea laudat
ut fortunatam plene praestantia vitam.
nec si te validus iactaverit Auster in alto,   15
idcirco navem trans Aegaeum mare vendas.
incolumi Rhodos et Mytilene pulchra facit quod
paenula solstitio, campestre nivalibus auris,
per brumam Tiberis, Sextili mense caminus.
dum licet ac vultum servat Fortuna benignum,   20
Romae laudetur Samos et Chios et Rhodos absens.
tu quamcumque deus tibi fortunaverit horam
grata sume manu neu dulcia differ in annum,
ut quocumque loco fueris vixisse libenter
te dicas; nam si ratio et prudentia curas,   25
non locus effusi late maris arbiter aufert,
caelum non animum mutant qui trans mare currunt.
strenua nos exercet inertia: navibus atque

a = aE] XI. 3 minorane *Bentley* : minorave (-que *E*) *codd.*   4
cunctane *Eφψ* : cunctaque aπ   7 glabiis *φψ*   10 ex a: et *E*   24
ut aφ² : tu *VB*

quadrigis petimus bene vivere. quod petis hic est,
est Vlubris, animus si te non deficit aequus.   30

XII

Frvctibvs Agrippae Siculis quos colligis, Icci,
si recte frueris, non est ut copia maior
ab Iove donari possit tibi. tolle querelas:
pauper enim non est cui rerum suppetit usus.
si ventri bene, si lateri est pedibusque tuis, nil   5
divitiae poterunt regales addere maius.
si forte in medio positorum abstemius herbis
vivis et urtica, sic vives protinus ut te
confestim liquidus Fortunae rivus inauret,
vel quia naturam mutare pecunia nescit,   10
vel quia cuncta putas una virtute minora.
miramur, si Democriti pecus edit agellos
cultaque, dum peregre est animus sine corpore velox,
cum tu inter scabiem tantam et contagia lucri
nil parvum sapias et adhuc sublimia cures;   15
quae mare compescant causae, quid temperet annum,
stellae sponte sua iussaene vagentur et errent,
quid premat obscurum lunae, quid proferat orbem,
quid velit et possit rerum concordia discors,
Empedocles an Stertinium deliret acumen.   20
verum seu piscis seu porrum et caepe trucidas,
utere Pompeio Grospho et, si quid petet, ultro
defer; nil Grosphus nisi verum orabit et aequum.
vilis amicorum est annona bonis ubi quid deest.
ne tamen ignores quo sit Romana loco res,   25
Cantaber Agrippae, Claudi virtute Neronis
Armenius cecidit; ius imperiumque Phraates
Caesaris accepit genibus minor; aurea fruges
Italiae pleno defundit Copia cornu.

---

a = aE]   30 om. E¹: add. marg. E²   XII 1 Acrillae *Horkel* Iti
edd. vett.   9 liquidus] largus *Eutyches*   16 temperat β   20
stertinum φψ   29 defundit *Va²*: defudit aβ

Q. HORATI FLACCI

XIII

Vt proficiscentem docui te saepe diuque,
Augusto reddes signata volumina, Vini,
si validus, si laetus erit, si denique poscet;
ne studio nostri pecces odiumque libellis
sedulus importes opera vehemente minister.　　　　5
si te forte meae gravis uret sarcina chartae,
abicito potius quam quo perferre iuberis
clitellas ferus impingas, Asinaeque paternum
cognomen vertas in risum et fabula fias.
viribus uteris per clivos, flumina, lamas.　　　　10
victor propositi simul ac perveneris illuc,
sic positum servabis onus, ne forte sub ala
fasciculum portes librorum ut rusticus agnum,
ut vinosa glomus furtivae Pyrria lanae,
ut cum pilleolo soleas conviva tribulis.　　　　15
ne vulgo narres te sudavisse ferendo
carmina, quae possint oculos aurisquè morari
Caesaris, oratus multa prece nitere porro.
vade, vale, cave ne titubes mandataque frangas.

XIV

Vilice silvarum et mihi me reddentis agelli,
quem tu fastidis habitatum quinque focis et
quinque bonos solitum Variam dimittere patres,
certemus, spinas animone ego fortius an tu
evellas agro, et melior sit Horatius an res.　　　　5
me quamvis Lamiae pietas et cura moratur
fratrem maerentis, rapto de fratre dolentis
insolabiliter, tamen istuc mens animusque
fert et amat spatiis obstantia rumpere claustra.
rure ego viventem, tu dicis in urbe beatum.　　　　10

α = αE] XIII 2 vinni, venni *codd.*　　6 urit *E*　　10 divos *E*
14 glomus *Va*π : glomos *E²φψ*　　pi(py-)rria *codd. corrupte* : purria
Porph. : Proclia *vel* Prilia *Ribbeck* : Pyrrhia *edd. plerique*　　16 ne β :
neu *a* : nec *E*　　18–19 nitere. porro vade *Porph.*(?)

222

cui placet alterius, sua nimirum est odio sors.
stultus uterque locum immeritum causatur inique:
in culpa est animus, qui se non effugit umquam.
tu mediastinus tacita prece rura petebas,
nunc urbem et ludos et balnea vilicus optas: 15
me constare mihi scis et discedere tristem,
quandocumque trahunt invisa negotia Romam.
non eadem miramur; eo disconvenit inter
meque et te: nam quae deserta et inhospita tesqua
credis, amoena vocat mecum qui sentit, et odit   20
quae tu pulchra putas. fornix tibi et uncta popina
incutiunt urbis desiderium, video, et quod
angulus iste feret piper et tus ocius uva,
nec vicina subest vinum praebere taberna
quae possit tibi, nec meretrix tibicina, cuius   25
ad strepitum salias terrae gravis: et tamen urges
iampridem non tacta ligonibus arva bovemque
disiunctum curas et strictis frondibus exples;
addit opus pigro rivus, si decidit imber,
multa mole docendus aprico parcere prato.   30
nunc age, quid nostrum concentum dividat audi.
quem tenues decuere togae nitidique capilli,
quem scis immunem Cinarae placuisse rapaci,
quem bibulum liquidi media de luce Falerni,
cena brevis iuvat et prope rivum somnus in herba.   35
nec lusisse pudet, sed non incidere ludum.
non istic obliquo oculo mea commoda quisquam
limat, non odio obscuro morsuque venenat;
rident vicini glaebas et saxa moventem.
cum servis urbana diaria rodere mavis;   40
horum tu in numerum voto ruis: invidet usum
lignorum et pecoris tibi calo argutus et horti.
optat ephippia bos, piger optat arare caballus:
quam scit uterque libens censebo exerceat artem.

XV

QVAE sit hiems Veliae, quod caelum, Vala, Salerni,
quorum hominum regio et qualis via (nam mihi Baias
Musa supervacuas Antonius, et tamen illis
me facit invisum, gelida cum perluor unda
per medium frigus. sane myrteta relinqui,   5
dictaque cessantem nervis elidere morbum
sulpura contemni, vicus gemit, invidus aegris
qui caput et stomachum supponere fontibus audent
Clusinis Gabiosque petunt et frigida rura.
mutandus locus est et deversoria nota   10
praeteragendus equus. 'quo tendis? non mihi Cumas
est iter aut Baias' laeva stomachosus habena
dicet eques ; sed equi frenato est auris in ore) ;
maior utrum populum frumenti copia pascat ;
collectosne bibant imbris puteosne perennis   15
iugis aquae (nam vina nihil moror illius orae :
rure meo possum quidvis perferre patique ;
ad mare cum veni, generosum et lene requiro,
quod curas abigat, quod cum spe divite manet
in venas animumque meum, quod verba ministret,   20
quod me Lucanae iuvenem commendet amicae) ;
tractus uter pluris lepores, uter educet apros ;
utra magis piscis et echinos aequora celent,
pinguis ut inde domum possim Phaeaxque reverti,
scribere te nobis, tibi nos accredere par est.   25
Maenius, ut rebus maternis atque paternis
fortiter absumptis urbanus coepit haberi,
scurra vagus, non qui certum praesepe teneret,
impransus non qui civem dinosceret hoste,
quaelibet in quemvis opprobria fingere saevus,   30
pernicies et tempestas barathrumque macelli,

a = aE]   XV 4 perrivor aπ¹   9 Clusinos VE¹   glabios φψ   13
dicit E   sed equis π   16 dulcis VE¹   21 commendat a   26
hinc nova epistula in codd. omn. praeter a   29 vicem E¹

quidquid quaesierat ventri donabat avaro.
hic ubi nequitiae fautoribus et timidis nil
aut paulum abstulerat, patinas cenabat omasi
vilis et agninae, tribus ursis quod satis esset ;   35
scilicet ut ventres lamna candente nepotum
diceret urendos, correctus Bestius. idem
quidquid erat nactus praedae maioris, ubi omne
verterat in fumum et cinerem, 'non hercule miror'
aiebat 'si qui comedunt bona, cum sit obeso   40
nil melius turdo, nil vulva pulchrius ampla.'
nimirum hic ego sum : nam tuta et parvula laudo
cum res deficiunt, satis inter vilia fortis ;
verum ubi quid melius contingit et unctius, idem
vos sapere et solos aio bene vivere, quorum   45
conspicitur nitidis fundata pecunia villis.

XVI

NE perconteris fundus meus, optime Quincti,
arvo pascat erum an bacis opulentet olivae,
pomisne an pratis an amicta vitibus ulmo,
scribetur tibi forma loquaciter et situs agri.
continui montes, ni dissocientur opaca   5
valle, sed ut veniens dextrum latus aspiciat Sol,
laevum discedens curru fugiente vaporet.
temperiem laudes. quid si rubicunda benigni
corna vepres et pruna ferant? si quercus et ilex
multa fruge pecus multa dominum iuvet umbra?   10
dicas adductum propius frondere Tarentum.
fons etiam rivo dare nomen idoneus, ut nec
frigidior Thracam nec purior ambiat Hebrus,

α = aE]   32 donarat VB   35 agnini aE²φ² (agmine E¹)   57
correctus a et pro var. lect. ψ : correptus (porreptus E¹) cett. : corrector
Ϛ   39 verteret Eψ¹   43-44 collocat post 39 a, post 38 π¹   45
alio ß   XVI 3 an pratis (at E²) E : et pratis ßα   amica E¹ et pro
var. lect. φ   5 ni ßE² : si α   7 descendens π : decedens Bentley
cursu V   8 quodsi a   benigni αφ² : benignae ßE²   9 si om. a :
et a²π

infirmo capiti fluit utilis. utilis alvo.
hae latebrae dulces, etiam, si credis, amoenae,   15
incolumem tibi me praestant Septembribus horis.
tu recte vivis, si curas esse quod audis.
iactamus iampridem omnis te Roma beatum :
sed vereor ne cui de te plus quam tibi credas,
neve putes alium sapiente bonoque beatum,   20
neu si te populus sanum recteque valentem
dictitet, occultam febrem sub tempus edendi
dissimules, donec manibus tremor incidat unctis.
stultorum incurata pudor malus ulcera celat.
si quis bella tibi terra pugnata marique   25
dicat et his verbis vacuas permulceat auris,
· tene magis salvum populus velit an populum tu,
servet in ambiguo qui consulit et tibi et urbi
Iuppiter,' Augusti laudes agnoscere possis :
cum pateris sapiens emendatusque vocari,   30
respondesne tuo, dic sodes, nomine ? 'nempe
vir bonus et prudens dici delector ego ac tu.'
qui dedit hoc hodie cras, si volet, auferet, ut si
detulerit fascis indigno, detrahet idem.
'pone, meum est' inquit : pono tristisque recedo.   35
idem si clamet furem, neget esse pudicum,
contendat laqueo collum pressisse paternum,
mordear opprobriis falsis mutemque colores ?
falsus honor iuvat et mendax infamia terret   39
quem nisi mendosum et medicandum ? vir bonus est quis ?
'qui consulta patrum, qui leges iuraque servat,
quo multae magnaeque secantur iudice lites,
quo res sponsore et quo causae teste tenentur.'
sed videt hunc omnis domus et vicinia tota
introrsum turpem, speciosum pelle decora.   45

α = aE (35 sqq. = aEM)]   14 fluit aptus et utilis πφ¹   21 pectus
aπ¹   30 pateris β : poteris a : cupias E   40 et mendicandum π¹ :
et mendacem E²Mψ² : mendicum a¹ ? E²   43 ita V : responsore
cett.   45 introrsum αφ² : introrsus π² : hunc prorsus β

'nec furtum feci nec fugi' si mihi dicat
servus, 'habes pretium, loris non ureris' aio.
'non hominem occidi.' 'non pasces in cruce corvos.'
'sum bonus et frugi.' renuit negitatque Sabellus.
cautus enim metuit foveam lupus accipiterque   50
suspectos laqueos et opertum miluus hamum.
oderunt peccare boni virtutis amore:
tu nihil admittes in te formidine poenae:
sit spes fallendi, miscebis sacra profanis.
nam de mille fabae modiis cum surripis unum,   55
damnum est, non facinus, mihi pacto lenius isto.
vir bonus, omne forum quem spectat et omne tribunal,
quandocumque deos vel porco vel bove placat,
'Iane pater!' clare, clare cum dixit 'Apollo!'
labra movet metuens audiri: 'pulchra Laverna,   60
da mihi fallere, da iusto sanctoque videri,
noctem peccatis et fraudibus obice nubem.'
qui melior servo, qui liberior sit avarus,
in triviis fixum cum se demittit ob assem,
non video; nam qui cupiet, metuet quoque; porro,   65
qui metuens vivet, liber mihi non erit umquam.
perdidit arma, locum virtutis deseruit, qui
semper in augenda festinat et obruitur re.
vendere cum possis captivum, occidere noli;
serviet utiliter: sine pascat durus aretque,   70
naviget ac mediis hiemet mercator in undis,
annonae prosit, portet frumenta penusque.
vir bonus et sapiens audebit dicere 'Pentheu,
rector Thebarum, quid me perferre patique
indignum coges?' 'adimam bona.' 'nempe pecus, rem, 75
lectos, argentum: tollas licet.' 'in manicis et
compedibus saevo te sub custode tenebo.'

α = aEM]   46 dicit π   49 negitatque (negatque E²) VEπ¹: negat
atque cett.   51 suspectus βM   54 si φ²   59 pater clare cum β
61 iustum sanctumque φψ   63 quo . . . quo β   64 demittit βE:
dimittit aM   76 in] et in φψ

'ipse deus, simul atque volam, me solvet.' opinor
hoc sentit, 'moriar.' mors ultima linea rerum est.

XVII

QVAMVIS, Scaevà, satis per te tibi consulis, et scis
quo tandem pacto deceat maioribus uti,
disce, docendus adhuc quae censet amiculus, ut si
caecus iter monstrare velit ; tamen aspice si quid
et nos, quod cures proprium fecisse, loquamur.   5
si te grata quies et primam somnus in horam
delectat, si te pulvis strepitusque rotarum,
si laedit caupona, Ferentinum ire iubebo.
nam neque divitibus contingunt gaudia solis,
nec vixit male qui natus moriensque fefellit.   10
si prodesse tuis pauloque benignius ipsum
te tractare voles, accedes siccus ad unctum.
'si pranderet holus patienter, regibus uti
nollet Aristippus.' 'si sciret regibus uti,
fastidiret holus qui me notat.' utrius horum   15
verba probes et facta doce, vel iunior audi
cur sit Aristippi potior sententia ; namque
mordacem Cynicum sic eludebat, ut aiunt :
'scurror ego ipse mihi, populo tu ; rectius hoc et
splendidius multo est. equus ut me portet, alat rex   20
officium facio : tu poscis vilia, verum
dante minor, quamvis fers te nullius egentem.'
omnis Aristippum decuit color et status et res,
temptantem maiora, fere praesentibus aequum :
contra, quem duplici panno patientia velat,   25
mirabor, vitae via si conversa decebit.
alter purpureum non exspectabit amictum,
quidlibet indutus celeberrima per loca vadet,

a = aEM]   79 est om. E   XVII 6 inboram E   8 laedit E :
laedet ßaM   12 adinunctum E¹ : inunctum V   14 om. φ¹ψ¹
15 om. φ¹, ante 14 collocat π   19 regibus hoc φψ   21 rerum ς :
verum es φψ   28 ioca ß

228

personamque feret non inconcinnus utramque;
alter Mileti textam cane peius et angui   30
vitabit chlamydem, morietur frigore si non
rettuleris pannum.   refer et sine vivat ineptus.
res gerere et captos ostendere civibus hostis
attingit solium Iovis et caelestia temptat:
principibus placuisse viris non ultima laus est.   35
non cuivis homini contingit adire Corinthum.
sedit qui timuit ne non succederet.   esto!
quid, qui pervenit, fecitne viriliter? atqui
hic est aut nusquam quod quaerimus.   hic onus horret,
ut parvis animis et parvo corpore maius: 40
hic subit et perfert.   aut virtus nomen inane est,
aut decus et pretium recte petit experiens vir.
coram rege suo de paupertate tacentes
plus poscente ferent; distat sumasne pudenter
an rapias.   atqui rerum caput hoc erat, hic fons.   45
'indotata mihi soror est, paupercula mater,
et fundus nec vendibilis nec pascere firmus'
qui dicit, clamat 'victum date.' succinit alter
'et mihi!' dividuo findetur munere quadra.
sed tacitus pasci si posset corvus, haberet   50
plus dapis et rixae multo minus invidiaeque.
Brundisium comes aut Surrentum ductus amoenum,
qui queritur salebras et acerbum frigus et imbris,
aut cistam effractam et subducta viatica plorat,
nota refert meretricis acumina, saepe catellam,   55
saepe periscelidem raptam sibi flentis, uti mox
nulla fides damnis verisque doloribus adsit.
nec semel irrisus triviis attollere curat
fracto crure planum, licet illi plurima manet
lacrima, per sanctum iuratus dicat Osirim   60

ɑ = *aEM*]   30 angui φψ : angue αϖ   31 vitavit *aM*   32 reddu-
leris *E*¹   34 templa *vel* temptat *E*   38 pervenerit β   43 sua ς
44 ferunt *E*¹   48 vitium *E*   49 et coihi (= ꝏꞁhꞁ) *E* : *interpunxit
Doederlein*

'credite, non ludo; crudeles, tollite claudum.'
'quaere peregrinum' vicinia rauca reclamat.

XVIII

Sɪ bene te novi, metues, liberrime Lolli,
scurrantis speciem praebere, professus amicum.
ut matrona meretrici dispar erit atque
discolor, infido scurrae distabit amicus.
est huic diversum vitio vitium prope maius,   5
asperitas agrestis et inconcinna gravisque,
quae se commendat tonsa cute, dentibus atris,
dum vult libertas dici mera veraque virtus.
virtus est medium vitiorum et utrimque reductum.
alter in obsequium plus aequo pronus et imi   10
derisor lecti sic nutum divitis horret,
. sic iterat voces et verba cadentia tollit,
ut puerum saevo credas dictata magistro
reddere vel partis mimum tractare secundas.
alter rixatur de lana saepe caprina,   15
propugnat nugis armatus: 'scilicet ut non
sit mihi prima fides, et vere quod placet ut non
acriter elatrem! pretium aetas altera sordet.'
ambigitur quid enim? Castor sciat an Dolichos plus;
Brundisium Minuci melius via ducat an Appi.   20
quem damnosa Venus, quem praeceps alea nudat,
gloria quem supra viris et vestit et unguit,
quem tenet argenti sitis importuna famesque,
quem paupertatis pudor et fuga, dives amicus,
saepe decem vitiis instructior, odit et horret,   25
aut si non odit, regit ac veluti pia mater
plus quam se sapere et virtutibus esse priorem

α = aEM] 6a cauta *Markland*   XVIII 7 commendat quae se
intonsa *Sanadon*   9 utrumque a¹   15 rixatus V : rixator *Muretus*
16 scilicet : ut *Doederlein*, cf. ix. 3   19 Dolichos ϛ : docilis aβ   22
unget E

vuit et ait prope vera : 'meae (contendere noli)
stultitiam patiuntur opes ; tibi parvula res est :
arta decet sanum comitem toga ; desine mecum   30
certare.' Eutrapelus cuicumque nocere volebat
vestimenta dabat pretiosa : 'beatus enim iam
cum pulchris tunicis sumet nova consilia et spes,
dormiet in lucem, scorto postponet honestum
officium, nummos alienos pascet, ad imum   35
Thraex erit aut holitoris aget mercede caballum.'
arcanum neque tu scrutaberis illius umquam,
commissumque teges et vino tortus et ira ;
nec tua laudabis studia aut aliena reprendes,
nec cum venari volet ille, poemata panges.   40
gratia sic fratrum geminorum Amphionis atque
Zethi dissiluit, donec suspecta severo
conticuit lyra. fraternis cessisse putatur
moribus Amphion : tu cede potentis amici
lenibus imperiis, quotiensque educet in agros   45
Aetolis onerata plagis iumenta canesque,
surge et inhumanae senium depone Camenae,
cenes ut pariter pulmenta laboribus empta ;
Romanis sollemne viris opus, utile famae
vitaeque et membris, praesertim cum valeas et   50
vel cursu superare canem vel viribus aprum
possis. adde virilia quod speciosius arma
non est qui tractet : scis quo clamore coronae
proelia sustineas campestria ; denique saevam
militiam puer et Cantabrica bella tulisti   55
sub duce qui templis Parthorum signa refigit
nunc, et si quid abest Italis adiudicat armis.
ac ne te retrahas et inexcusabilis absis,
quamvis nil extra numerum fecisse modumque

α = *aEM*]   33 sumit *E*   36 at *E*   agit *aM*   37 illius ϛ :
ullius αβ   39 rependes *E*   40 ne *E*¹ψ   pangas (*ex* plangas) *E*
45 educit *M* : ducit (-et π) β¹   46 Aeoliis ϛ   57 abest aliis π¹

curas, interdum nugaris rure paterno;   60
partitur lintris exercitus, Actia pugna
te duce per pueros hostili more refertur,
adversarius est frater, lacus Hadria, donec
alterutrum velox Victoria fronde coronet.
consentire suis studiis qui crediderit te,   65
fautor utroque tuum laudabit pollice ludum.
protinus ut moneam, si quid monitoris eges tu,
quid, de quoque viro, et cui dicas saepe videto.
percontatorem fugito, nam garrulus idem est,
nec retinent patulae commissa fideliter aures,   70
et semel emissum volat irrevocabile verbum.
non ancilla tuum iecur ulceret ulla puerve
intra marmoreum venerandi limen amici,
ne dominus pueri pulchri caraeve puellae
munere te parvo beet aut incommodus angat.   75
qualem commendes etiam atque etiam aspice, ne mox
incutiant aliena tibi peccata pudorem.
fallimur et quondam non dignum tradimus : ergo
quem sua culpa premet, deceptus omitte tueri,
ut penitus notum, si temptent crimina, serves   80
tuterisque tuo fidentem praesidio : qui
dente Theonino cum circumroditur, ecquid
ad te post paulo ventura pericula sentis ?
nam tua res agitur, paries cum proximus ardet,
et neglecta solent incendia sumere viris.   85
dulcis inexpertis cultura potentis amici :
expertus metuit. tu, dum tua navis in alto est,
hoc age, ne mutata retrorsum te ferat aura.
oderunt hilarem tristes tristemque iocosi,
sedatum celeres, agilem navumque remissi ;   90
potores bibuli media de nocte Falerni

α = aEM]   62 mole E   69 percunctatorem M   74 pueri
dominus E Porph.   81 fidens est φψ   87 metuit aMψ² : metuet
cett.   91 om. αβ : add. ψ² et rec. man. aEφ   varie emendabant viri
docti

oderunt porrecta negantem pocula, quamvis
nocturnos iures te formidare tepores.
deme supercilio nubem : plerumque modestus
occupat obscuri speciem, taciturnus acerbi. 95
inter cuncta leges et percontabere doctos,
qua ratione queas traducere leniter aevum ;
num te semper inops agitet vexetque cupido,
num pavor et rerum mediocriter utilium spes ;
virtutem doctrina paret, naturane donet ; 100
quid minuat curas, quid te tibi reddat amicum ;
quid pure tranquillet, honos an dulce lucellum,
an secretum iter et fallentis semita vitae.
me quotiens reficit gelidus Digentia rivus,
quem Mandela bibit, rugosus frigore pagus, 105
quid sentire putas ? quid credis, amice, precari ?
sit mihi quod nunc est, etiam minus, et mihi vivam
quod superest aevi, si quid superesse volunt di ;
sit bona librorum et provisae frugis in annum
copia, neu fluitem dubiae spe pendulus horae. 110
sed satis est orare Iovem qui ponit et aufert,
det vitam, det opes : aequum mi animum ipse parabo.

XIX

Prisco si credis, Maecenas docte, Cratino,
nulla placere diu nec vivere carmina possunt
quae scribuntur aquae potoribus. ut male sanos
adscripsit Liber Satyris Faunisque poetas,
vina fere dulces oluerunt mane Camenae. 5
laudibus arguitur vini vinosus Homerus ;
Ennius ipse pater numquam nisi potus ad arma
prosiluit dicenda. 'forum putealque Libonis

α = *aEM*] 98–99 num] non ψ^2 : ne ℾ 102 ac *Schuetz* 107
et mihi *V*β : ut mihi αψ^2 109 spes bona *E* 110 aurae ℾ 111
qui β²*EM* : quae (qua ϕ^1) β*a* ponit *V*β : donat (ponat π^1) α *et pro*
var. lect. π XIX 3 potioribus *a°E¹*π

mandabo siccis, adimam cantare severis':
hoc simul edixi, non cessavere poetae   10
nocturno certare mero, putere diurno.
quid si quis vultu torvo ferus et pede nudo
exiguaeque togae simulet textore Catonem,
virtutemne repraesentet moresque Catonis?
rupit Iarbitam Timagenis aemula lingua,   15
dum studet urbanus tenditque disertus haberi.
decipit exemplar vitiis imitabile; quodsi
pallerem casu, biberent exsangue cuminum.
o imitatores, servum pecus, ut mihi saepe
bilem, saepe iocum vestri movere tumultus!   20
libera per vacuum posui vestigia princeps,
non aliena meo pressi pede. qui sibi fidet
dux reget examen. Parios ego primus iambos
ostendi Latio, numeros animosque secutus
Archilochi, non res et agentia verba Lycamben.   25
ac ne me foliis ideo brevioribus ornes
quod timui mutare modos et carminis artem,
temperat Archilochi Musam pede mascula Sappho,
temperat Alcaeus, sed rebus et ordine dispar,
nec socerum quaerit quem versibus oblinat atris,   30
nec sponsae laqueum famoso carmine nectit.
hunc ego, non alio dictum prius ore, Latinus
vulgavi fidicen. iuvat immemorata ferentem
ingenuis oculisque legi manibusque teneri.
scire velis mea cur ingratus opuscula lector   35
laudet ametque domi, premat extra limen iniquus:
non ego ventosae plebis suffragia venor
impensis cenarum et tritae munere vestis;
non ego, nobilium scriptorum auditor et ultor,
grammaticas ambire tribus et pulpita dignor: 40
hinc illae lacrimae. 'spissis indigna theatris

α = aEM] 10 edixi ßE¹ : edixit αφ²   13 exore ß   15 lingua]
cena E¹   16 tendetque E   22 fidit φ'ψ   23 patrios ß   30
optinet ßa²   32 nunc alio E   39 adiutor 5

scripta pudet recitare et nugis addere pondus'
si dixi, 'rides' ait 'et Iovis auribus ista
servas : fidis enim manare poetica mella
te solum, tibi pulcher.' ad haec ego naribus uti   45
formido et, luctantis acuto ne secer ungui,
'displicet iste locus' clamo et diludia posco.
ludus enim genuit trepidum certamen et iram,
ira truces inimicitias et funebre bellum.

XX

VERTVMNVM Ianumque, liber, spectare videris,
scilicet ut prostes Sosiorum pumice mundus.
odisti clavis et grata sigilla pudico ;
paucis ostendi gemis et communia laudas,
non ita nutritus. fuge quo descendere gestis.   5
non erit emisso reditus tibi. 'quid miser egi ?
quid volui ?' dices, ubi quid te laeserit, et scis
in breve te cogi cum plenus languet amator.
quodsi non odio peccantis desipit augur,
carus eris Romae donec te deserat aetas ;   10
contrectatus ubi manibus sordescere vulgi
coeperis, aut tineas pasces taciturnus inertis,
aut fugies Vticam aut vinctus mitteris Ilerdam.
ridebit monitor non exauditus, ut ille
qui male parentem in rupes protrusit asellum   15
iratus : quis enim invitum servare laboret ?
hoc quoque te manet, ut pueros elementa docentem
occupet extremis in vicis balba senectus.
cum tibi sol tepidus pluris admoverit auris,
me libertino natum patre et in tenui re   20
maiores pennas nido extendisse loqueris,
ut quantum generi demas virtutibus addas ;
me primis Vrbis belli placuisse domique ;

α = aEM]   47 iste α : ille β   XX 2 ut *om.* E¹   nudus φψ (*sscr.*
mundus)   15 protrudit E¹

corporis exigui, praecanum, solibus aptum,
irasci celerem, tamen ut placabilis essem.   25
forte meum si quis te percontabitur aevum,
me quater undenos sciat implevisse Decembris
collegam Lepidum quo duxit Lollius anno.

    $a = aEM$] 28 dixit Ϛ

Q. HORATI FLACCI

EPISTVLARVM

LIBER SECVNDVS

I

Cvm tot sustineas et tanta negotia solus,
res Italas armis tuteris, moribus ornes,
legibus emendes, in publica commoda peccem,
si !ongo sermone morer tua tempora, Caesar.
Romulus et Liber pater et cum Castore Pollux,   5
post ingentia facta deorum in templa recepti,
dum terras hominumque colunt genus, aspera bella
componunt, agros assignant, oppida condunt,
ploravere suis non respondere favorem
speratum meritis.   diram qui contudit hydram   10
notaque fatali portenta labore subegit,
comperit invidiam supremo fine domari.
urit enim fulgore suo, qui praegravat artis
infra se positas : exstinctus amabitur idem.
praesenti tibi maturos largimur honores,   15
iurandasque tuum per numen ponimus aras,
nil oriturum alias, nil ortum tale fatentes.
sed tuus hic populus, sapiens et iustus in uno

te nostris ducibus, te Grais anteferendo,
cetera nequaquam simili ratione modoque   20
aestimat et, nisi quae terris semota suisque
temporibus defuncta videt, fastidit et odit;
sic fautor veterum, ut tabulas peccare vetantis
quas bis quinque viri sanxerunt, foedera regum
vel Gabiis vel cum rigidis aequata Sabinis,   25
pontificum libros, annosa volumina vatum
dictitet Albano Musas in monte locutas.
si, quia Graiorum sunt antiquissima quaeque
scripta vel optima, Romani pensantur eadem
scriptores trutina, non est quod multa loquamur: 30
nil intra est oleam, nil extra est in nuce duri;
venimus ad summum fortunae; pingimus atque
psallimus et luctamur Achivis doctius unctis.
si meliora dies ut vina poemata reddit,
scire velim, chartis pretium quotus arroget annus.   35
scriptor abhinc annos centum qui decidit, inter
perfectos veteresque referri debet, an inter
vilis atque novos? excludat iurgia finis.
'est vetus atque probus centum qui perficit annos.'
quid, qui deperiit minor uno mense vel anno,   40
inter quos referendus erit? veteresne poetas,
an quos et praesens et postera respuat aetas?
'iste quidem veteres inter ponetur honeste,
qui vel mense brevi vel toto est iunior anno.'
utor permisso, caudaeque pilos ut equinae   45
paulatim vello et demo unum, demo et item unum,
dum cadat elusus ratione ruentis acervi
qui redit in fastus et virtutem aestimat annis,
miraturque nihil nisi quod Libitina sacravit.

a = aEM]   27 dictitet $a^1\pi^2M$: doctitet E: dicat (-it π) et β   28 Graiorum VE: graecorum βaM   31 olea ς   33 citius $Eutyches$: scitius ς   37 veteresne β   42 respuet φψ: respuit M 46 et item (et idem π) β: etiam a   47 om. $a\pi^1$ cadet M 48 in] ad E fastus $aE^2M\pi$: fastos βE^1

Ennius et sapiens et fortis et alter Homerus,   50
ut critici dicunt, leviter curare videtur
quo promissa cadant et somnia Pythagorea.
Naevius in manibus non est et mentibus haeret
paene recens? adeo sanctum est vetus omne poema.
ambigitur quotiens, uter utro sit prior, aufert   55
Pacuvius docti famam senis, Accius alti,
dicitur Afrani toga convenisse Menandro,
Plautus ad exemplar Siculi properare Epicharmi,
vincere Caecilius gravitate, Terentius arte.
hos ediscit et hos arto stipata theatro   60
spectat Roma potens; habet hos numeratque poetas
ad nostrum tempus Livi scriptoris ab aevo.
interdum vulgus rectum videt, est ubi peccat.
si veteres ita miratur laudatque poetas
ut nihil anteferat, nihil illis comparet, errat: 65
si quaedam nimis antique, si pleraque dure
dicere credit eos, ignave multa fatetur,
et sapit et mecum facit et Iove iudicat aequo.
non equidem insector delendave carmina Livi
esse reor, memini quae plagosum mihi parvo   70
Orbilium dictare; sed emendata videri
pulchraque et exactis minimum distantia miror;
inter quae verbum emicuit si forte decorum, et
si versus paulo concinnior unus et alter,
iniuste totum ducit venditque poema.   75
indignor quicquam reprehendi, non quia crasse
compositum illepideve putetur, sed quia nuper;
nec veniam antiquis, sed honorem et praemia posci.
recte necne crocum floresque perambulet Attae
fabula si dubitem, clament periisse pudorem   80
cuncti paene patres, ea cum reprehendere coner

α = aEM] 53 non om. π¹ et] non *Cuningham* 60 ediscet π
69 delendaque β crimina E¹ Livi(i) E²Mφψ : levi *cett.* 73 et
habent βM : *om.* aE 75 venitque ϛ 78 et] ac E 79 nec
β¹ perambulet Eφψ : -at aMπ atti E

quae gravis Aesopus, quae doctus Roscius egit :
vel quia nil rectum nisi quod placuit sibi ducunt,
vel quia turpe putant parere minoribus, et quae
imberbi didicere, senes perdenda fateri.   85
iam Saliare Numae carmen qui laudat et illud,
quod mecum ignorat, solus vult scire videri,
ingeniis non ille favet plauditque sepultis,
nostra sed impugnat, nos nostraque lividus odit.
quod si tam Graecis novitas invisa fuisset   90
quam nobis, quid nunc esset vetus? aut quid haberet
quod legeret tereretque viritim publicus usus ?
ut primum positis nugari Graecia bellis
coepit et in vitium fortuna labier aequa,
nunc athletarum studiis, nunc arsit equorum,   95
marmoris aut eboris fabros aut aeris amavit,
suspendit picta vultum mentemque tabella,
nunc tibicinibus, nunc est gavisa tragoedis ;
sub nutrice puella velut si luderet infans,
quod cupide petiit mature plena reliquit.   100
quid placet aut odio est quod non mutabile credas ?
hoc paces habuere bonae ventique secundi.
Romae dulce diu fuit et sollemne reclusa
mane domo vigilare, clienti promere iura,
cautos nominibus rectis expendere nummos,   105
maiores audire, minori dicere per quae
crescere res posset, minui damnosa libido.
mutavit mentem populus levis et calet uno
scribendi studio ; pueri patresque severi
fronde comas vincti cenant et carmina dictant.   110
ipse ego, qui nullos me adfirmo scribere versus
invenior Parthis mendacior, et prius orto
sole vigil calamum et chartas et scrinia posco.

α = αEM] 83 dicunt Eπ¹   85 imberbi *Cruquius* : imberbes *codd.*,
cf. A. P. 161   spernenda *Maehly*   91 haberes β¹   92 Quiritum
ς   98 tunc β¹   101 *collocat post* 107 *Lachmann, post* 102 *Vollmer,*
post 106 ς : *delent Schuetz alii*

navem agere ignarus navis timet; habrotonum aegro
non audet nisi qui didicit dare; quod medicorum est   115
promittunt medici; tractant fabrilia fabri:
scribimus indocti doctique poemata passim.
hic error tamen et levis haec insania quantas
virtutes habeat sic collige; vatis avarus
non temere est animus; versus amat, hoc studet unum;   120
detrimenta, fugas servorum, incendia ridet;
non fraudem socio puerove incogitat ullam
pupillo; vivit siliquis et pane secundo;
militiae quamquam piger et malus, utilis urbi,
si das hoc, parvis quoque rebus magna iuvari.   125
os tenerum pueri balbumque poeta figurat,
torquet ab obscenis iam nunc sermonibus aurem,
mox etiam pectus praeceptis format amicis,
asperitatis et invidiae corrector et irae;
recte facta refert, orientia tempora notis   130
instruit exemplis, inopem solatur et aegrum.
castis cum pueris ignara puella mariti
disceret unde preces, vatem ni Musa dedisset?
poscit opem chorus et praesentia numina sentit,
caelestis implorat aquas docta prece blandus,   135
avertit morbos, metuenda pericula pellit,
impetrat et pacem et locupletem frugibus annum.
carmine di superi placantur, carmine Manes.
agricolae prisci, fortes parvoque beati,
condita post frumenta levantes tempore festo   140
corpus et ipsum animum spe finis dura ferentem,
cum sociis operum pueris et coniuge fida,
Tellurem porco, Silvanum lacte piabant,
floribus et vino Genium memorem brevis aevi.
Fescennina per hunc inventa licentia morem   145

a=aEM] 115. 116 melicorum, melici *Bentley*   122 puero vel
cogitat E   128 firmat *Doering*   142 et pueris et *E*φψ   143
porca *coni. Lambinus, praeeunte Porph.*   145 invecta ς

          I

versibus alternis opprobria rustica fudit.
libertasque recurrentis accepta per annos
lusit amabiliter, donec iam saevus apertam
in rabiem coepit verti iocus et per honestas
ire domos impune minax. doluere cruento   150
dente lacessiti; fuit intactis quoque cura
condicione super communi; quin etiam lex
poenaque lata, malo quae nollet carmine quemquam
describi: vertere modum formidine fustis
ad bene dicendum delectandumque redacti.   155
Graecia capta ferum victorem cepit et artis
intulit agresti Latio. sic horridus ille
defluxit numerus Saturnius, et grave virus
munditiae pepulere; sed in longum tamen aevum
manserunt hodieque manent vestigia ruris.   160
serus enim Graecis admovit acumina chartis,
et post Punica bella quietus quaerere coepit,
quid Sophocles et Thespis et Aeschylus utile ferrent.
temptavit quoque rem, si digne vertere posset,
et placuit sibi, natura sublimis et acer;   165
nam spirat tragicum satis et feliciter audet,
sed turpem putat inscite metuitque lituram.
creditur, ex medio quia res accersit, habere
sudoris minimum, sed habet comoedia tanto
plus oneris, quanto veniae minus. aspice, Plautus   170
quo pacto partis tutetur amantis ephebi,
ut patris attenti, lenonis ut insidiosi,
quantus sit Dossennus edacibus in parasitis,
quam non adstricto percurrat pulpita socco;
gestit enim nummum in loculos demittere, post hoc   175
securus cadat an recto stet fabula talo.
quem tulit ad scaenam ventoso Gloria curru,
exanimat lentus spectator, sedulus inflat:

α = aEM] 149 verti coepit φψ   153 nata β   159 peperere
E²ψψ   160 om. π¹   167 inscit(a)e βa : inscriptis VE : inscitiae
V²a²M   168 accessit VE   175 demittere E : dimittere βaM

sic leve, sic parvum est, animum quod laudis avarum
subruit aut reficit. valeat res ludicra si me   180
palma negata macrum, donata reducit opimum.
saepe etiam audacem fugat hoc terretque poetam,
quod numero plures, virtute et honore minores,
indocti stolidique, et depugnare parati
si discordet eques, media inter carmina poscunt   185
aut ursum aut pugilis ; his nam plebecula gaudet.
verum equitis quoque iam migravit ab aure voluptas
omnis ad incertos oculos et gaudia vana.
quattuor aut pluris aulaea premuntur in horas,
dum fugiunt equitum turmae peditumque catervae ;   190
mox trahitur manibus regum fortuna retortis,
esseda festinant, pilenta, petorrita, naves,
captivum portatur ebur, captiva Corinthus.
si foret in terris, rideret Democritus, seu
diversum confusa genus panthera camelo   195
sive elephas albus vulgi converteret ora ;
spectaret populum ludis attentius ipsis,
ut sibi praebentem nimio spectacula plura ;
scriptores autem narrare putaret asello
fabellam surdo. nam quae pervincere voces   200
evaluere sonum referunt quem nostra theatra ?
Garganum mugire putes nemus aut mare Tuscum,
tanto cum strepitu ludi spectantur et artes,
divitiaeque peregrinae, quibus oblitus actor
cum stetit in scaena, concurrit dextera laevae.   205
dixit adhuc aliquid ? nil sane. quid placet ergo ?
lana Tarentino violas imitata veneno.
ac ne forte putes me, quae facere ipse recusem,
cum recte tractent alii, laudare maligne,
ille per extentum funem mihi posse videtur   210

α = aEM]   186 plaudet β   188 incertos] alii alia coni., cf. Sen.
Ep. 83. 21   196 converterit ⌐ Priscianus Bentley   198 nimio
VaE¹Mπ' : mimo βa²E¹ Porph.   205 laeva β'   207 imitata απ² :
imitare β   210 extensum M

ire poeta, meum qui pectus inaniter angit,
irritat, mulcet, falsis terroribus implet,
ut magus, et modo me Thebis, modo ponit Athenis.
verum age et his, qui se lectori credere malunt
quam spectatoris fastidia ferre superbi,   215
curam redde brevem, si munus Apolline dignum
vis complere libris et vatibus addere calcar,
ut studio maiore petant Helicona virentem.
multa quidem nobis facimus mala saepe poetae
(ut vineta egomet caedam mea), cum tibi librum   220
sollicito damus aut fesso; cum laedimur, unum
si quis amicorum est ausus reprehendere versum;
cum loca iam recitata revolvimus irrevocati;
cum lamentamur non apparere labores
nostros et tenui deducta poemata filo;   225
cum speramus eo rem venturam ut, simul atque
carmina rescieris nos fingere, commodus ultro
arcessas et egere vetes et scribere cogas.
sed tamen est operae pretium cognoscere, qualis
aedituos habeat belli spectata domique   230
virtus, indigno non committenda poetae.
gratus Alexandro regi magno fuit ille
Choerilus, incultis qui versibus et male natis
rettulit acceptos, regale nomisma, Philippos.
sed veluti tractata notam labemque remittunt   235
atramenta, fere scriptores carmine foedo
splendida facta linunt. idem rex ille poema
qui tam ridiculum tam care prodigus emit,
edicto vetuit ne quis se praeter Apellen
pingeret, aut alius Lysippo duceret aera   240
fortis Alexandri vultum simulantia. quodsi
iudicium subtile videndis artibus illud
ad libros et ad haec Musarum dona vocares,
Boeotum in crasso iurares aere natum.

a = *aEM*]   216 prevem *E*[1]   226 eo rem] forem π : item fore φψ
venturum φψ   228 accersas *E*   240 cuderet *Lambinus*

at neque dedecorant tua de se iudicia atque　　　　245
munera, quae multa dantis cum laude tulerunt,
dilecti tibi Vergilius Variusque poetae;
nec magis expressi vultus per aenea signa,
quam per vatis opus mores animique virorum
clarorum apparent. nec sermones ego mallem　　　250
repentis per humum quam res componere gestas,
terrarumque situs et flumina dicere, et arces
montibus impositas et barbara regna, tuisque
auspiciis totum confecta duella per orbem,
claustraque custodem pacis cohibentia Ianum,　　255
et formidatam Parthis te principe Romam,
si quantum cuperem possem quoque; sed neque parvum
carmen maiestas recipit tua, nec meus audet
rem temptare pudor quam vires ferre recusent.
sedulitas autem stulte quem diligit urget,　　　260
praecipue cum se numeris commendat et arte:
discit enim citius meminitque libentius illud
quod quis deridet, quam quod probat et veneratur.
nil moror officium quod me gravat, ac neque ficto
in peius vultu proponi cereus usquam,　　　　265
nec prave factis decorari versibus opto,
ne rubeam pingui donatus munere, et una
cum scriptore meo, capsa porrectus operta,
deferar in vicum vendentem tus et odores
et piper et quidquid chartis amicitur ineptis.　　270

II

FLORE, bono claroque fidelis amice Neroni,
si quis forte velit puerum tibi vendere natum
Tibure vel Gabiis, et tecum sic agat: 'hic et
candidus et talos a vertice pulcher ad imos
fiet eritque tuus nummorum milibus octo,　　　5

α = aEM] 247 tui E varusque VB 262 discet V 268 porreptus E¹ aperta ς

verna ministeriis ad nutus aptus erilis
litterulis Graecis imbutus, idoneus arti
cuilibet; argilla quidvis imitaberis uda;
quin etiam canet indoctum sed dulce bibenti:
multa fidem promissa levant, ubi plenius aequo   *10*
laudat venalis qui vult extrudere merces:
res urget me nulla; meo sum pauper in aere:
nemo hoc mangonum faceret tibi; non temere a me
quivis ferret idem. semel hic cessavit et, ut fit,
in scalis latuit metuens pendentis habenae.   15
des nummos, excepta nihil te si fuga laedit':
ille ferat pretium poenae securus, opinor.
prudens emisti vitiosum; dicta tibi est lex:
insequeris tamen hunc et lite moraris iniqua?
dixi me pigrum proficiscenti tibi, dixi   20
talibus officiis prope mancum, ne mea saevus
iurgares ad te quod epistula nulla rediret.
quid tum profeci, mecum facientia iura
si tamen attemptas? quereris super hoc etiam, quod
exspectata tibi non mittam carmina mendax.   25
Luculli miles collecta viatica multis
aerumnis, lassus dum noctu stertit, ad assem
perdiderat: post hoc vehemens lupus, et sibi et hosti
iratus pariter, ieiunis dentibus acer,
praesidium regale loco deiecit, ut aiunt,   30
summe munito et multarum divite rerum.
clarus ob id factum donis ornatur honestis,
accipit et bis dena super sestertia nummum.
forte sub hoc tempus castellum evertere praetor
nescio quod cupiens hortari coepit eundem   35
verbis quae timido quoque possent addere mentem:

    a = aEM]   II 8 quavis E¹   imitabimur ß   11 excludere Vß
16 laedit V: laedat aß   18 tibi est lex a²π: tibi lex est φψ: est
tibi lex a: tibi lex ϛ   20 sqq. rursus exstat δ   22 rediret aδπ:
veniret δ²φψ   32 opimis V   36 menteis V

'i, bone, quo virtus tua te vocat, i pede fausto,
grandia laturus meritorum praemia. quid stas?'
post haec ille catus, quantumvis rusticus, 'ibit,
ibit eo quo vis qui zonam perdidit' inquit.   40
Romae nutriri mihi contigit, atque doceri
iratus Grais quantum nocuisset Achilles.
adiecere bonae paulo plus artis Athenae,
scilicet ut vellem curvo dinoscere rectum,
atque inter silvas Academi quaerere verum.   45
dura sed emovere loco me tempora grato,
civilisque rudem belli tulit aestus in arma
Caesaris Augusti non responsura lacertis.
unde simul primum me dimisere Philippi,
decisis humilem pennis inopemque paterni   50
et laris et fundi, paupertas impulit audax
ut versus facerem: sed quod non desit habentem
quae poterunt umquam satis expurgare cicutae,
ni melius dormire putem quam scribere versus?
singula de nobis anni praedantur euntes;   55
eripuere iocos, Venerem, convivia, ludum;
tendunt extorquere poemata; quid faciam vis?
denique non omnes eadem mirantur amantque:
carmine tu gaudes, hic delectatur iambis,
ille Bioneis sermonibus et sale nigro.   60
tres mihi convivae prope dissentire videntur,
poscentes vario multum diversa palato.
quid dem? quid non dem? renuis tu, quod iubet alter;
quod petis, id sane est invisum acidumque duobus.
praeter cetera me Romaene poemata censes   65
scribere posse inter tot curas totque labores?
hic sponsum vocat, hic auditum scripta relictis
omnibus officiis; cubat hic in colle Quirini,
hic extremo in Aventino, visendus uterque;

a = aEM]   44 ut possim Ь   49 philippis φψ   63 tu quod aδ:
quod tu cett.

247

intervalla vides humane commoda. verum   70
purae sunt plateae, nihil ut meditantibus obstet.
festinat calidus mulis gerulisque redemptor,
torquet nunc lapidem, nunc ingens machina tignum,
tristia robustis luctantur funera plaustris,
hac rabiosa fugit canis, hac lutulenta ruit sus :   75
i nunc et versus tecum meditare canoros.

scriptorum chorus omnis amat nemus et fugit urbem,
rite cliens Bacchi somno gaudentis et umbra :
tu me inter strepitus nocturnos atque diurnos
vis canere et contracta sequi vestigia vatum ?   80
ingenium sibi quod vacuas desumpsit Athenas,
et studiis annos septem dedit insenuitque
libris et curis, statua taciturnius exit
plerumque et risu populum quatit ; hic ego rerum
fluctibus in mediis et tempestatibus urbis   85
verba lyrae motura sonum conectere digner ?
frater erat Romae consulti rhetor, ut alter
alterius sermone meros audiret honores,
Gracchus ut hic illi, foret huic ut Mucius ille.

qui minus argutos vexat furor iste poetas ?   90
carmina compono, hic elegos. 'mirabile visu
caelatumque novem Musis opus !' aspice primum,
quanto cum fastu, quanto molimine circum-
spectemus vacuam Romanis vatibus aedem !
mox etiam, si forte vacas, sequere et procul audi,   95
quid ferat et quare sibi nectat uterque coronam.
caedimur et totidem plagis consumimus hostem
lento Samnites ad lumina prima duello.
discedo Alcaeus puncto illius ; ille meo quis ?
quis nisi Callimachus ? si plus adposcere visus,   ICO

    a = aEM]   70 humanae $a^1E\delta$: haut sane *Froehlich* : *alii alia*   71
plures β   77 urbes β   80 contracta E^1 : cantata *V* : non tacta
Bentley   81 sume ψ^1 83 Curii $\delta\pi^1$ 87 frater] fautor *Schuetz* :
suasor *Hamacher* ut aδ : et $\pi^1\phi\psi$ 89 huic . . . ille *Britannicus* :
hic . . . illi *codd.*   92 opus aspice : primum *Fea*   100 si plus *om.* δ^1

fit Mimnermus et optivo cognomine crescit.
multa fero, ut placem genus irritabile vatum,
cum scribo et supplex populi suffragia capto ;
idem, finitis studiis et mente recepta,
obturem patulas impune legentibus auris.   105
ridentur mala qui componunt carmina ; verum
gaudent scribentes et se venerantur et ultro,
si taceas, laudant quidquid scripsere beati.
at qui legitimum cupiet fecisse poema,
cum tabulis animum censoris sumet honesti ;   110
audebit, quaecumque parum splendoris habebunt
et sine pondere erunt et honore indigna ferentur,
verba movere loco, quamvis invita recedant
et versentur adhuc intra penetralia Vestae :
obscurata diu populo bonus eruet atque   115
proferet in lucem speciosa vocabula rerum,
quae priscis memorata Catonibus atque Cethegis
nunc situs informis premit et deserta vetustas ;
adsciscet nova, quae genitor produxerit usus :
vehemens et liquidus puroque simillimus amni   120
fundet opes Latiumque beabit divite lingua ;
luxuriantia compescet, nimis aspera sano
levabit cultu, virtute carentia tollet,
ludentis speciem dabit et torquebitur, ut qui
nunc Satyrum, nunc agrestem Cyclopa movetur.   125
praetulerim scriptor delirus inersque videri,
dum mea delectent mala me vel denique fallant,
quam sapere et ringi.   fuit haud ignobilis Argis,
qui se credebat miros audire tragoedos,
in vacuo laetus sessor plausorque theatro ;   130
cetera qui vitae servaret munia recto
more, bonus sane vicinus, amabilis hospes,

α = aDEM (101–111 = aEM)]   112 feruntur aδ   114 intra edd.
vett.: inter codd.: citra Burroughs   120 et veh. liq. D   123 carentia
DE(E¹ ?)Mψ² : calentia VBa   125 movet E   127 delectant δ
128 Argus ς

comis in uxorem, posset qui ignoscere servis
et signo laeso non insanire lagoenae,
posset qui rupem et puteum vitare patentem.   135
hic ubi cognatorum opibus curisque refectus
expulit elleboro morbum bilemque meraco,
et redit ad sese, 'pol me occidistis, amici,
non servastis' ait, 'cui sic extorta voluptas
et demptus per vim mentis gratissimus error.'   140
nimirum sapere est abiectis utile nugis,
et tempestivum pueris concedere ludum,
ac non verba sequi fidibus modulanda Latinis,
sed verae numerosque modosque ediscere vitae.
quocirca mecum loquor haec tacitusque recordor :   145
si tibi nulla sitim finiret copia lymphae,
narrares medicis : quod quanto plura parasti
tanto plura cupis, nulline faterier audes?
si vulnus tibi monstrata radice vel herba
non fieret levius, fugeres radice vel herba   150
proficiente nihil curarier. audieras, cui
rem di donarent, illi decedere pravam
stultitiam; et cum sis nihilo sapientior ex quo
plenior es, tamen uteris monitoribus isdem?
at si divitiae prudentem reddere possent,   155
si cupidum timidumque minus te, nempe ruberes,
viveret in terris te si quis avarior uno.
si proprium est quod quis libra mercatus et aere est,
quaedam, si credis consultis, mancipat usus;
qui te pascit ager tuus est, et vilicus Orbi,   160
cum segetes occat tibi mox frumenta daturus,
te dominum sentit. das nummos, accipis uvam,
pullos, ova, cadum temeti : nempe modo isto
paulatim mercaris agrum, fortasse trecentis

    α = *aDEM* (153 *sqq.* = *aEM*)]   135 parentem **β**[1]   140 mentis *om.*
δ[1]   150 *om. DE*[1]*π*[1]*ψ*[1]   152 donarint *Bentley*   156 puderes *E*[2]
158 mercatus **α**π : mercatur **δ**φψ   est *om.* **β**   159 mancipiat **δ**
161 daturas **β**

aut etiam supra nummorum milibus emptum.   165
quid refert, vivas numerato nuper an olim?
emptor Aricini quondam Veientis et arvi
emptum cenat holus, quamvis aliter putat; emptis
sub noctem gelidam lignis calefactat aenum:
sed vocat usque suum, qua populus adsita certis   170
limitibus vicina refugit iurgia; tamquam
sit proprium quicquam, puncto quod mobilis horae
nunc prece, nunc pretio, nunc vi, nunc morte suprema
permutet dominos et cedat in altera iura.
sic quia perpetuus nulli datur usus, et heres   175
heredem alterius velut unda supervenit undam,
quid vici prosunt aut horrea? quidve Calabris
saltibus adiecti Lucani, si metit Orcus
grandia cum parvis, non exorabilis auro?
gemmas, marmor, ebur, Tyrrhena sigilla, tabellas,   180
argentum, vestis Gaetulo murice tinctas,
sunt qui non habeant, est qui non curat habere.
cur alter fratrum cessare et ludere et ungui
praeferat Herodis palmetis pinguibus, alter
dives et importunus ad umbram lucis ab ortu   185
silvestrem flammis et ferro mitiget agrum,
scit Genius, natale comes qui temperat astrum,
naturae deus humanae, mortalis in unum
quodque caput, vultu mutabilis, albus et ater.
utar et ex modico quantum res poscet acervo   190
tollam, nec metuam quid de me iudicet heres,
quod non plura datis invenerit: et tamen idem
scire volam, quantum simplex hilarisque nepoti
discrepet et quantum discordet parcus avaro.
distat enim spargas tua prodigus an neque sumptum 195
invitus facias neque plura parare labores,
ac potius, puer ut festis Quinquatribus olim,

a = aEM (193 sqq. = aDEM)]   167 quondam π^2 et sscr. ψ: quoniam
Vaβ   170 quia E^1: quod π 171 refigit ς 175 sic E^2M^2: si
aβ   177 vites Canter   192 quid plura E^1 195 tua om. E

exiguo gratoque fruaris tempore raptim.
pauperies immunda domus procul absit : ego, utrum
nave ferar magna an parva, ferar unus et idem.   200
non agimur tumidis velis aquilone secundo,
non tamen adversis aetatem ducimus austris,
viribus, ingenio, specie, virtute, loco, re,
extremi primorum, extremis usque priores.
non es avarus : abi. quid ? cetera iam simul isto   205
cum vitio fugere ? caret tibi pectus inani
ambitione ? caret mortis formidine et ira ?
somnia, terrores magicos, miracula, sagas,
nocturnos lemures portentaque Thessala rides ?
natalis grate numeras ? ignoscis amicis ?   210
lenior et melior fis accedente senecta ?
quid te exempta iuvat spinis de pluribus una ?
vivere si recte nescis, decede peritis.
lusisti satis, edisti satis atque bibisti :
tempus abire tibi est, ne potum largius aequo   215
rideat et pulset lasciva decentius aetas.

α = aDEM]   199 domus procul absit αβ² : procul (om. domus et
absit) β : procul procul absit cum uno det. Bentley   202 astris E¹
203 virtute colore β   206 fugere βD : fuge rite VaEMδ²ψ²   210
uumertis E¹   211 sis E   212 iuvit D : levat ⚓   216 licentius π²

Q. HORATI FLACCI

ARS POETICA

Hvmano capiti cervicem pictor equinam
iungere si velit, et varias inducere plumas
undique collatis membris, ut turpiter atrum
desinat in piscem mulier formosa superne,
spectatum admissi risum teneatis, amici?　　　　　5
credite, Pisones, isti tabulae fore librum
persimilem cuius, velut aegri somnia, vanae
fingentur species, ut nec pes nec caput uni
reddatur formae.　'pictoribus atque poetis
quidlibet audendi semper fuit aequa potestas.'　　10
scimus, et hanc veniam petimusque damusque vicissim;
sed non ut placidis coeant immitia, non ut
serpentes avibus geminentur, tigribus agni.
inceptis gravibus plerumque et magna professis
purpureus, late qui splendeat, unus et alter　　　15
adsuitur pannus, cum lucus et ara Dianae

---

a = aBCM]　1 capiti] pectori B^1　2 om. B　inducere formas
Bisciola: partes Apitz　3-4 atram ... pristin Gronovius　5 missi
BC　teneatis? amici, Markland　6 pisonis ß　7 aegris a^1B
8 fingenter δ^1: finguntur ψ^2: funguntur B　10 quodlibet π^1　audi-
endi B

253

et properantis aquae per amoenos ambitus agros,
aut flumen Rhenum aut pluvius describitur arcus.
sed nunc non erat his locus. et fortasse cupressum
scis simulare : quid hoc, si fractis enatat exspes   20
navibus aere dato qui pingitur? amphora coepit
institui : currente rota cur urceus exit?
denique sit quodvis, simplex dumtaxat et unum.
maxima pars vatum, pater et iuvenes patre digni,
decipimur specie recti : brevis esse laboro,   25
obscurus fio; sectantem levia nervi
deficiunt animique; professus grandia turget;
serpit humi tutus nimium timidusque procellae;
qui variare cupit rem prodigialiter unam,
delphinum silvis appingit, fluctibus aprum.   30
in vitium ducit culpae fuga, si caret arte.
Aemilium circa ludum faber imus et unguis
exprimet et mollis imitabitur aere capillos,
infelix operis summa, quia ponere totum
nesciet. hunc ego me, si quid componere curem,   35
non magis esse velim quam naso vivere pravo,
spectandum nigris oculis nigroque capillo.
sumite materiam vestris, qui scribitis, aequam
viribus, et versate diu, quid ferre recusent,
quid valeant umeri. cui lecta potenter erit res,   40
nec facundia deseret hunc nec lucidus ordo.
ordinis haec virtus erit et venus, aut ego fallor,
ut iam nunc dicat iam nunc debentia dici,
pleraque differat et praesens in tempus omittat;
hoc amet, hoc spernat promissi carminis auctor.   45
in verbis etiam tenuis cautusque serendis
dixeris egregie notum si callida verbum

$a = aBCM$]   18 fluvius β^1 19 ñ n̄c̄ B 20 exspes $a\delta^1\pi^1$: expers $\beta(\delta^1\pi^1)$ 23 sit *om.* B quidvis ψ^2 28 cautus *Peerlkamp*   32 unus $\delta^1(?)$ *Bentley*   35 egomet $\delta^1\varphi^1\psi^1$ 37 nigrove BC 38 materiam] iā m̄r̄ B 42 aut $aM\delta^2\pi$: haud (haut C) *cett.*   43 aut iam β^1 45 *post* 46 *collocat Bentley*   45 spernet BC 47 dixerit B

reddiderit iunctura novum. si forte necesse est
indiciis monstrare recentibus abdita rerum,
fingere cinctutis non exaudita Cethegis   50
continget, dabiturque iicentia sumpta pudenter ;
et nova fictaque nuper habebunt verba fidem si
Graeco fonte cadent, parce detorta. quid autem
Caecilio Plautoque dabit Romanus ademptum
Vergilio Varioque ? ego cur, acquirere pauca   55
si possum, invideor, cum lingua Catonis et Enni
sermonem patrium ditaverit et nova rerum
nomina protulerit ? licuit semperque licebit
signatum praesente nota producere nomen.
ut silvae foliis pronos mutantur in annos,   60
prima cadunt : ita verborum vetus interit aetas,
et iuvenum ritu florent modo nata vigentque.
debemur morti nos nostraque ; sive receptus
terra Neptunus classis aquilonibus arcet,
regis opus, sterilisve diu palus aptaque remis   65
vicinas urbis alit et grave sentit aratrum,
seu cursum mutavit iniquum frugibus amnis
doctus iter melius, mortalia facta peribunt,
nedum sermonum stet honos et gratia vivax.
multa renascentur quae iam cecidere, cadentque   70
quae nunc sunt in honore vocabula, si volet usus,
quem penes arbitrium est et ius et norma loquendi.
res gestae regumque ducumque et tristia bella
quo scribi possent numero, monstravit Homerus.
versibus impariter iunctis querimonia primum,   75
post etiam inclusa est voti sententia compos :
quis tamen exiguos elegos emiserit auctor,
grammatici certant et adhuc sub iudice lis est.

---

a = *aBCM*]   49 rerum et ß   52 factaque ᚌ   53 cadant *aC*²
55 varoque δφψ   59 procudere ᚌ   nummum *Luisinus*   60 folia
in silvis *Diomedes* : silvis folia privos *Bentley* : viduantur, nudantur ᚌ
65 -ve *aδπ* : -que *cett.*   palus diu *Gesner* : palus prius *Bentley*   76
inclusa est *aδ²φ²ψ²* : iunctis (-us *π*) ß¹ *ex v. priore*

Archilochum proprio rabies armavit iambo ;
hunc socci cepere pedem grandesque cothurni,   80
alternis aptum sermonibus et popularis
vincentem strepitus et natum rebus agendis.
Musa dedit fidibus divos puerosque deorum
et pugilem victorem et equum certamine primum
et iuvenum curas et libera vina referre.   85
descriptas servare vices operumque colores
cur ego si nequeo ignoroque poeta salutor ?
cur nescire pudens prave quam discere malo ?
versibus exponi tragicis res comica non vult ;
indignatur item privatis ac prope socco   90
dignis carminibus narrari cena Thyestae.
singula quaeque locum teneant sortita decenter.
interdum tamen et vocem comoedia tollit,
iratusque Chremes tumido delitigat ore ;
et tragicus plerumque dolet sermone pedestri   95
Telephus et Peleus, cum pauper et exsul uterque
proicit ampullas et sesquipedalia verba,
si curat cor spectantis tetigisse querela.
non satis est pulchra esse poemata ; dulcia sunto,
et quocumque volent animum auditoris agunto.   100
ut ridentibus arrident, ita flentibus adsunt
humani vultus : si vis me flere, dolendum est
primum ipsi tibi : tunc tua me infortunia laedent,
Telephe vel Peleu ; male si mandata loqueris
aut dormitabo aut ridebo. tristia maestum   105
vultum verba decent, iratum plena minarum,
ludentem lasciva, severum seria dictu.
format enim natura prius nos intus ad omnem
fortunarum habitum ; iuvat aut impellit ad iram
aut ad humum maerore gravi deducit et angit ;   110
post effert animi motus interprete lingua.

    α = aBCM]   86 discriptas *Keller*   92 decentem *VB*   98 curis
⅌   100 volunt β   101 adflent *Bentley*   103 tum *BC*   111
post et certi animi πφ¹ψ¹

si dicentis erunt fortunis absona dicta,
Romani tollent equites peditesque cachinnum.
intererit multum divusne loquatur an heros,
maturusne senex an adhuc florente iuventa   115
fervidus, et matrona potens an sedula nutrix,
mercatorne vagus cultorne virentis agelli,
Colchus an Assyrius, Thebis nutritus an Argis.
aut famam sequere aut sibi convenientia finge.
scriptor honoratum si forte reponis Achillem,   120
impiger, iracundus, inexorabilis, acer,
iura neget sibi nata, nihil non arroget armis.
sit Medea ferox invictaque, flebilis Ino,
perfidus Ixion, Io vaga, tristis Orestes.
si quid inexpertum scaenae committis et audes   125
personam formare novam, servetur ad imum
qualis ab incepto processerit, et sibi constet.
difficile est proprie communia dicere ; tuque
rectius Iliacum carmen deducis in actus,
quam si proferres ignota indictaque primus.   130
publica materies privati iuris erit, si
non circa vilem patulumque moraberis orbem,
nec verbo verbum curabis reddere fidus
interpres, nec desilies imitator in artum,
unde pedem proferre pudor vetet aut operis lex :   135
nec sic incipies ut scriptor cyclicus olim :
'fortunam Priami cantabo et nobile bellum.'
quid dignum tanto feret hic promissor hiatu ?
parturient montes, nascetur ridiculus mus.
quanto rectius hic qui nil molitur inepte :   140
'dic mihi, Musa, virum, captae post tempora Troiae
qui mores hominum multorum vidit et urbis.'

α = aBCM]   114 Davusne φ²ℓ², *quo recepto* Erosne *Lambinus* :
divesne . . . an Irus *Erasmus*   117 vigentis β*M*   120 Homereum
vel Homeriacum *Bentley* ; *alii alia*   124 ixionia vaga *C*   133
verbum verbo *C*   137 cantarat nobile *B*   138 feret tanto *C*   139
parturiunt ς   142 quis *B*

non fumum ex fulgore, sed ex fumo dare lucem
cogitat, ut speciosa dehinc miracula promat,
Antiphaten Scyllamque et cum Cyclope Charybdin.   145
nec reditum Diomedis ab interitu Meleagri,
nec gemino bellum Troianum orditur ab ovo :
semper ad eventum festinat et in medias res
non secus ac notas auditorem rapit, et quae
desperat tractata nitescere posse, relinquit,   150
atque ita mentitur, sic veris falsa remiscet,
primo ne medium, medio ne discrepet imum.
tu quid ego et populus mecum desideret audi :
si plosoris eges aulaea manentis et usque
sessuri donec cantor 'vos plaudite' dicat,   155
aetatis cuiusque notandi sunt tibi mores,
mobilibusque decor naturis dandus et annis.
reddere qui voces iam scit puer et pede certo
signat humum, gestit paribus colludere, et iram
colligit ac ponit temere et mutatur in horas.   160
imberbus iuvenis, tandem custode remoto,
gaudet equis canibusque et aprici gramine campi,
cereus in vitium flecti, monitoribus asper,
utilium tardus provisor, prodigus aeris,
sublimis cupidusque et amata relinquere pernix.   165
conversis studiis aetas animusque virilis
quaerit opes et amicitias, inservit honori,
commisisse cavet quod mox mutare laboret.
multa senem circumveniunt incommoda, vel quod
quaerit et inventis miser abstinet ac timet uti,   170
vel quod res omnis timide gelideque ministrat,
dilator, spe longus, iners, avidusque futuri,
difficilis, querulus, laudator temporis acti
se puero, castigator censorque minorum.

a = aBCM ⌡   154 plosoris V aδ² : plus oris β : plausoris B⁰M²ψ²   155
sessori B   157 nobilibusque B   161 imberbus VC¹M : imberbis
cett.   168–170 om. add. marg. δ   168 quod permutare (mutare
π¹) β : quod post mutare �   172 delator B   pavidrque Bentley

multa ferunt anni venientes commoda secum,　　175
multa recedentes adimunt. ne forte seniles
mandentur iuveni partes pueroque viriles,
semper in adiunctis aevoque morabimur aptis.
aut agitur res in scaenis aut acta refertur.
segnius irritant animos demissa per aurem,　　180
quam quae sunt oculis subiecta fidelibus et quae
ipse sibi tradit spectator : non tamen intus
digna geri promes in scaenam, multaque tolles
ex oculis quae mox narret facundia praesens.
ne pueros coram populo Medea trucidet,　　185
aut humana palam coquat exta nefarius Atreus,
aut in avem Procne vertatur, Cadmus in anguem.
quodcumque ostendis mihi sic, incredulus odi.
neve minor neu sit quinto productior actu
fabula, quae posci vult et spectata reponi.　　190
nec deus intersit, nisi dignus vindice nodus
inciderit ; nec quarta loqui persona laboret.
actoris partis chorus officiumque virile
defendat, neu quid medios intercinat actus
quod non proposito conducat et haereat apte.　　195
ille bonis faveatque et consilietur amice,
et regat iratos et amet peccare timentis ;
ille dapes laudet mensae brevis, ille salubrem
iustitiam legesque et apertis otia portis ;
ille tegat commissa, deosque precetur et oret,　　200
ut redeat miseris, abeat fortuna superbis.
tibia non ut nunc orichalco vincta tubaeque
aemula, sed tenuis simplexque foramine pauco
adspirare et adesse choris erat utilis atque

α = aBCM]　178 morabimur aM : morabitur βBC(?)　　apti B
187 procne φψ : progne αδπ　　189 sit victo B　　190 spectata δπ¹ :
spectanda (exspect- B) αφψπ²　　196 amici β¹ : amicis ς　　197
peccare (sscr. a) a : pecare δ : pacare tumentes ς　　202 non ut om.
B　　iuncta C　　203 pauco απ : parvo δφψ

nondum spissa nimis complere sedilia flatu ;   205
quo sane populus numerabilis, utpote parvus,
et frugi castusque verecundusque coibat.
postquam coepit agros extendere victor et urbis
latior amplecti murus vinoque diurno
placari Genius festis impune diebus,   210
accessit numerisque modisque licentia maior ;
indoctus quid enim saperet liberque laborum
rusticus urbano confusus, turpis honesto ?
sic priscae motumque et luxuriem addidit arti
tibicen traxitque vagus per pulpita vestem ;   215
sic etiam fidibus voces crevere severis,
et tulit eloquium insolitum facundia praeceps,
utiliumque sagax rerum et divina futuri
sortilegis non discrepuit sententia Delphis.
carmine qui tragico vilem certavit ob hircum,   220
mox etiam agrestis Satyros nudavit, et asper
incolumi gravitate iocum temptavit, eo quod
illecebris erat et grata novitate morandus
spectator, functusque sacris et potus et exlex.
verum ita risores, ita commendare dicaces   225
conveniet Satyros, ita vertere seria ludo,
ne quicumque deus, quicumque adhibebitur heros,
regali conspectus in auro nuper et ostro,
migret in obscuras humili sermone tabernas,
aut, dum vitat humum, nubes et inania captet.   230
effutire levis indigna Tragoedia versus,
ut festis matrona moveri iussa diebus,
intererit Satyris paulum pudibunda protervis.
non ego inornata et dominantia nomina solum
verbaque, Pisones, Satyrorum scriptor amabo ;   235
nec sic enitar tragico differre colori,
ut nihil intersit Davusne loquatur et audax

a = aBCM]   206 parcus *Faber*   207 et fugit *B*   catusque φψ :
cautusque *C*ψ²   212 *om.* ß¹   222 locum δπ   223 erat *om.* πφ¹ψ¹ et
om. δ   et grata erat *C*   237 et audax *VBC* : an audax *cett.*

Pythias emuncto lucrata Simone talentum,
an custos famulusque dei Silenus alumni.
ex noto fictum carmen sequar, ut sibi quivis   240
speret idem, sudet multum frustraque laboret
ausus idem : tantum series iuncturaque pollet,
tantum de medio sumptis accedit honoris.
silvis deducti caveant, me iudice, Fauni
ne velut innati triviis ac paene forenses   245
aut nimium teneris iuvenentur versibus umquam,
aut immunda crepent ignominiosaque dicta :
offenduntur enim quibus est equus et pater et res,
nec, si quid fricti ciceris probat et nucis emptor,
aequis accipiunt animis donantve corona.   250
syllaba longa brevi subiecta vocatur iambus,
pes citus ; unde etiam trimetris accrescere iussit
nomen iambeis, cum senos redderet ictus
primus ad extremum similis sibi. non ita pridem,
tardior ut paulo graviorque veniret ad auris,   255
spondeos stabilis in iura paterna recepit
commodus et patiens, non ut de sede secunda
cederet aut quarta socialiter. hic et in Acci
nobilibus trimetris apparet rarus, et Enni
in scaenam missos cum magno pondere versus   260
aut operae celeris nimium curaque carentis
aut ignoratae premit artis crimine turpi.
non quivis videt immodulata poemata iudex,
et data Romanis venia est indigna poetis.
idcircone vager scribamque licenter ? an omnis   265
visuros peccata putem mea, tutus et intra
spem veniae cautus ? vitavi denique culpam,
non laudem merui. vos exemplaria Graeca
nocturna versate manu, versate diurna.
at vestri proavi Plautinos et numeros et   270

    a = *aBCM*]   249 fricti *aMC*²δ²φψ : stricti *C*¹ : fracti *B*δπ   250
donant *B* : donantque π   251 longa] nona *B*   252 iri metris *B*
261 nimium celeris *a*   266 extra *Lambinus*

laudavere sales, nimium patienter utrumque,
ne dicam stulte, mirati, si modo ego et vos
scimus inurbanum lepido seponere dicto
legitimumque sonum digitis callemus et aure.
ignotum tragicae genus invenisse Camenae   275
dicitur et plaustris vexisse poemata Thespis,
quae canerent agerentque peruncti faecibus ora.
post hunc personae pallaeque repertor honestae
Aeschylus et modicis instravit pulpita tignis
et docuit magnumque loqui nitique cothurno.   280
successit vetus his comoedia, non sine multa
laude; sed in vitium libertas excidit et vim
dignam lege regi; lex est accepta chorusque
turpiter obticuit sublato iure nocendi.

nil intemptatum nostri liquere poetae,   285
nec minimum meruere decus vestigia Graeca
ausi deserere et celebrare domestica facta,
vel qui praetextas vel qui docuere togatas.
nec virtute foret clarisve potentius armis
quam lingua Latium, si non offenderet unum   290
quemque poetarum limae labor et mora. vos, o
Pompilius sanguis, carmen reprehendite quod non
multa dies et multa litura coercuit atque
praesectum decies non castigavit ad unguem.

ingenium misera quia fortunatius arte   295
credit et excludit sanos Helicone poetas
Democritus, bona pars non unguis ponere curat,
non barbam, secreta petit loca, balnea vitat.
nanciscetur enim pretium nomenque poetae,
si tribus Anticyris caput insanabile numquam   300
tonsori Licino commiserit. o ego laevus,
qui purgor bilem sub verni temporis horam!

α = aBCM] 276 vectasse per Hellada *Cuningham*   277 qui
Bentley   ora βaM : atris BC¹   283 om. B : est om. C   289
clarisque BC   291 vos o] versu B   294 praesectum V¹BC : per-
spectum π : perfectum *cett.*

non alius faceret meliora poemata.   verum
nil tanti est.   ergo fungar vice cotis, acutum
reddere quae ferrum valet exsors ipsa secandi;   305
munus et officium nil scribens ipse docebo,
unde parentur opes, quid alat formetque poetam,
quid deceat, quid non, quo virtus, quo ferat error.
scribendi recte sapere est et principium et fons:
rem tibi Socraticae poterunt ostendere chartae,   310
verbaque provisam rem non invita sequentur.
qui didicit patriae quid debeat et quid amicis,
quo sit amore parens, quo frater amandus et hospes,
quod sit conscripti, quod iudicis officium, quae
partes in bellum missi ducis, ille profecto   315
reddere personae scit convenientia cuique.
respicere exemplar vitae morumque iubebo
doctum imitatorem et vivas hinc ducere voces.
interdum speciosa locis morataque recte
fabula nullius veneris, sine pondere et arte,   320
valdius oblectat populum meliusque moratur
quam versus inopes rerum nugaeque canorae.
Grais ingenium, Grais dedit ore rotundo
Musa loqui, praeter laudem nullius avaris.
Romani pueri longis rationibus assem   325
discunt in partis centum diducere. ' dicat
filius Albani: si de quincunce remota est
uncia, quid superat? poteras dixisse.' 'triens.' 'eu!
rem poteris servare tuam.   redit uncia, quid fit?'
'semis.' an haec animos aerugo et cura peculi   330
cum semel imbuerit, speramus carmina fingi
posse linenda cedro et levi servanda cupresso?
aut prodesse volunt aut delectare poetae,
aut simul et iucunda et idonea dicere vitae.

α = aBCM]   305 exsors ipsa δφψ: exsortita aδ²π   308 doceat
a¹δ¹   309 est et] est B   319 iocis (loc- δ²) ß   322 regum B
327 albini ß   328 poterat aδ²π¹   triens est (trienem π) ß   330
an VB: ad (at π²) cett.   331 speremus ß

quidquid praecipies esto brevis, ut cito dicta   335
percipiant animi dociles teneantque fideles.
omne supervacuum pleno de pectore manat.
ficta voluptatis causa sint proxima veris,
ne quodcumque velit poscat sibi fabula credi,
neu pransae Lamiae vivum puerum extrahat alvo.   340
centuriae seniorum agitant expertia frugis,
celsi praetereunt austera poemata Ramnes:
omne tulit punctum qui miscuit utile dulci,
lectorem delectando pariterque monendo;
hic meret aera liber Sosiis; hic et mare transit   345
et longum noto scriptori prorogat aevum.
sunt delicta tamen quibus ignovisse velimus;
nam neque chorda sonum reddit quem vult manus et mens,
poscentique gravem persaepe remittit acutum;
nec semper feriet quodcunque minabitur arcus.   350
verum ubi plura nitent in carmine non ego paucis
offendar maculis, quas aut incuria fudit
aut humana parum cavit natura. quid ergo est?
ut scriptor si peccat idem librarius usque,
quamvis est monitus, venia caret; ut citharoedus   355
ridetur chorda qui semper oberrat eadem:
sic mihi qui multum cessat fit Choerilus ille,
quem bis terve bonum cum risu miror; et idem
indignor quandoque bonus dormitat Homerus;
verum operi longo fas est obrepere somnum.   360
ut pictura poesis: erit quae si propius stes
te capiat magis, et quaedam si longius abstes.
haec amat obscurum, volet haec sub luce videri,
iudicis argutum quae non formidat acumen;
haec placuit semel, haec decies repetita placebit.   365
o maior iuvenum, quamvis et voce paterna

$\mathfrak{a} = aBCM$]   339 nec BC velis a^2: volet $\mathfrak{B}$ posset $\delta^1\phi\psi$ 345
aera $a^1BC^2M\delta^2\pi$: aere $Ca^{2l,1}\psi\psi$ sosis $\mathfrak{a}$ 348 et mens *om.* B
355 ut ς: et $\mathfrak{aB}$ 356 oberret $a\delta^2M$ 358 terve B: terque *cett.*
360 opere δ^1: opere in $a\delta^2M$

fingeris ad rectum et per te sapis, hoc tibi dictum
tolle memor, certis medium et tolerabile rebus
recte concedi. consultus iuris et actor
causarum mediocris abest virtute diserti   370
Messallae nec scit quantum Cascellius Aulus,
sed tamen in pretio est: mediocribus esse poetis
non homines, non di, non concessere columnae.
ut gratas inter mensas symphonia discors
et crassum unguentum et Sardo cum melle papaver   375
offendunt, poterat duci quia cena sine istis,
sic animis natum inventumque poema iuvandis,
si paulum summo decessit, vergit ad imum.
ludere qui nescit, campestribus abstinet armis,
indoctusque pilae discive trochive quiescit,   380
ne spissae risum tollant impune coronae:
qui nescit versus tamen audet fingere. quidni?
liber et ingenuus, praesertim census equestrem
summam nummorum, vitioque remotus ab omni.
tu nihil invita dices faciesve Minerva: 385
id tibi iudicium est, ea mens. si quid tamen olim
scripseris, in Maeci descendat iudicis auris
et patris et nostras, nonumque prematur in annum,
membranis intus positis: delere licebit
quod non edideris; nescit vox missa reverti.   390
silvestris homines sacer interpresque deorum
caedibus et victu foedo deterruit Orpheus,
dictus ob. hoc lenire tigris rabidosque leones;
dictus et Amphion, Thebanae conditor urbis,
saxa movere sono testudinis et prece blanda   395
ducere quo vellet. fuit haec sapientia quondam,
publica privatis secernere, sacra profanis,

α = aBCM] 371 nec scit VB: nescit cett.   aurus BC¹(?) · 376
duci om. B   377 animus BC   · 378 pergit B: pergit vel vergit C
385 faciesque aδ¹M   386 esto Guietus   388-389 interpunxit Bentley
393 rabidos VB: rapidos (-as δ) cett.   394 arcis a¹δ²M   397 saxa B

concubitu prohibere vago, dare iura maritis,
oppida moliri, leges incidere ligno.
sic honor et nomen divinis vatibus atque   400
carminibus venit. post hos insignis Homerus
Tyrtaeusque mares animos in Martia bella
versibus exacuit : dictae per carmina sortes,
et vitae monstrata via est, et gratia regum
Pieriis temptata modis, ludusque repertus   405
et longorum operum finis, ne forte pudori
sit tibi Musa lyrae sollers et cantor Apollo.
natura fieret laudabile carmen an arte
quaesitum est : ego nec studium sine divite vena
nec rude quid prosit video ingenium ; alterius sic   410
altera poscit opem res et coniurat amice.
qui studet optatam cursu contingere metam
multa tulit fecitque puer, sudavit et alsit,
abstinuit Venere et vino : qui Pythia cantat
tibicen, didicit prius extimuitque magistrum.   415
nunc satis est dixisse ' ego mira poemata pango :
occupet extremum scabies : mihi turpe relinqui,
et quod non didici sane nescire fateri.'
ut praeco, ad merces turbam qui cogit emendas,
adsentatores iubet ad lucrum ire poeta   420
dives agris, dives positis in faenore nummis.
si vero est unctum qui recte ponere possit
et spondere levi pro paupere et eripere atris
litibus implicitum, mirabor si sciet inter-
noscere mendacem verumque beatus amicum.   425
tu seu donaris seu quid donare voles cui,
nolito ad versus tibi factos ducere plenum
laetitiae : clamabit enim ' pulchre ! bene ! recte !'
pallescet super his, etiam stillabit amicis

a = *aBCM*]   402 Pyrcaeus β *Porph.*   405 Pleris *B*   410 possit ⑤
415 dicit *C*¹   416 nec satis ⑤   est] et *BC*   422 iunctum *B*   iussit
*BC*¹   423 artis ⑤   424-425 = 425 424 *in B*   426 cui] qui *B*

ex oculis rorem, saliet, tundet pede terram.　　　430
ut qui conducti plorant in funere dicunt
et faciunt prope plura dolentibus ex animo, sic
derisor vero plus laudatore movetur.
reges dicuntur multis urgere culillis
et torquere mero quem perspexisse laborent,　　435
an sit amicitia dignus : si carmina condes,
numquam te fallent animi sub vulpe latentes.
Quintilio si quid recitares, 'corrige sodes
hoc' aiebat 'et hoc': melius te posse negares,
bis terque expertum frustra, delere iubebat　　440
et male tornatos incudi reddere versus.
si defendere delictum quam vertere malles,
nullum ultra verbum aut operam insumebat inanem,
quin sine rivali teque et tua solus amares.
vir bonus et prudens versus reprehendet inertis,　　445
culpabit duros, incomptis allinet atrum
traverso calamo signum, ambitiosa recidet
ornamenta, parum claris lucem dare coget,
arguet ambigue dictum, mutanda notabit,
fiet Aristarchus : nec dicet 'cur ego amicum　　450
offendam in nugis ?' hae nugae seria ducent
in mala derisum semel exceptumque sinistre.
ut mala quem scabies aut morbus regius urget
aut fanaticus error et iracunda Diana,
vesanum tetigisse timent fugiuntque poetam　　455
qui sapiunt : agitant pueri incautique sequuntur.
hic, dum sublimis versus ructatur et errat,
si veluti merulis intentus decidit auceps
in puteum foveamve, licet 'succurrite' longum

α = aBCM (441 sqq. = aEM)]　430 rore mallet B : Salius L. Mueller
431 quae conductae Kirchmann　　434 culillis (cui illis B) Bπ :
cululis (-ullis C) cett.　435 laborant δπφ　437 fallant B　440
bis tero E　441 torquatos E : ter natos Bentley　450 non πφψ
455 fugientque (fugent- M) α　458 si δ : sic cett.

267

clamet 'io cives!' non sit qui tollere curet.   460
si curet quis opem ferre et demittere funem,
'qui scis an prudens huc se deiecerit atque
servari nolit?' dicam, Siculique poetae
narrabo interitum.   deus immortalis haberi
dum cupit Empedocles, ardentem frigidus Aetnam   465
insiluit. sit ius liceatque perire poetis.
invitum qui servat idem facit occidenti.
nec semel hoc fecit, nec si retractus erit iam
fiet homo et ponet famosae mortis amorem.
nec satis apparet cur versus factitet, utrum   470
minxerit in patrios cineres, an triste bidental
moverit incestus : certe furit, ac velut ursus,
obiectos caveae valuit si frangere clathros,
indoctum doctumque fugat recitator acerbus ;
quem vero arripuit, tenet occiditque legendo,   475
non missura cutem nisi plena cruoris hirudo.

α = aFM]   461 demittere ς : dimittere σβ   462 proiecerit (deiec-
δ²) β   473 obiectas E

268

INDEX

269

INDEX

INDEX

INDEX